孔子和今文学

蒙文通 著

巴蜀书社

图书在版编目（CIP）数据

孔子和今文学 / 蒙文通著. —成都：巴蜀书社，2022.8
（巴蜀百年学术名家丛书）
ISBN 978-7-5531-1624-2

Ⅰ.①孔… Ⅱ.①蒙… Ⅲ.①孔丘（前551—前479）－哲学思想－研究 Ⅳ.①B222.25

中国版本图书馆CIP数据核字（2021）第268220号

孔 子 和 今 文 学

KONGZI HE JINWENXUE

蒙文通 著

责任编辑	王承军
出　　版	巴蜀书社
	四川省成都市锦江区三色路238号新华之星A座36楼
	邮编610023　总编室电话：(028)86361843
网　　址	www.bsbook.com
发　　行	巴蜀书社
	发行科电话：(028)86361852　86361847
经　　销	新华书店
印　　刷	成都东江印务有限公司
版　　次	2022年8月第1版
印　　次	2022年8月第1次印刷
成品尺寸	130mm×210mm
印　　张	6
字　　数	120千
书　　号	ISBN 978-7-5531-1624-2
定　　价	52.00元

本书如有印装质量问题，请与本社发行科联系调换

目 录

孔子和今文学 / 1
    一 / 12
    二 / 25
    三 / 57

孔子思想中进步面的探讨 / 82
    一 / 83
    二 / 86
    三 / 92

论经学遗稿三篇 / 96
    甲 篇 / 96
    乙 篇 / 98
    丙 篇 / 100

汉儒之学源于孟子考 / 109
儒家哲学思想之发展 / 119
儒家政治思想之发展（讲义本） / 135
非常异义之政治学说 / 166
非常异义之政治学说解难 / 179

孔子和今文学

孔子在中国封建社会占有最尊崇的地位已经二千多年了。但这二千多年间,中国学术思想的发展,随着时代的变化而逐渐剧烈。不同时代不同阶级的人,所认识的孔子各不相同。在汉代有今学、古学,而今学之初,有齐学、鲁学的不同,古学末流又有南学、北学的不同。宋代有朱学、陆学,而明代薛、胡为朱派,陈、王为陆派,也很不相同。即以清代考据学来说,也有吴派、皖派的不同,却都各自认为自己所讲的才得孔子之真。我们如果专从某一派的认识来批判孔子,而不从时代变迁、社会发展和学术演变上来看孔子,其结果不过只批判了某一派的学术思想而没有批判孔子。所以我们是否能真正正确估价孔子的困难就在于此,每个批判者实际上、主观上也极不容易完全摆脱一切学派的圈子来对待孔子。寻根溯源,区别出一切学派系统,结合时代深入探讨就有其必要了。

如果从历史的变化上来探讨,我们可以看出在某一时期,什么样人排斥孔子,又是什么样人推尊孔子,这倒可以帮助我们对孔子的理解。有的人认为孔子生当周代社会已到崩溃时期,而孔子却反而要维护旧社会,所以他在当时必然非常落后。但这样的作者又说:"汉兴数十年间新社会已成长起来了。"正是在这一时期,罢黜百家,表彰六经,孔子才从此取得独尊的地位,这岂不是孔子的学术有合于汉兴以后新社会的要求,才能得到汉代的推崇吗?孔子在生时,"诸侯害之,大夫壅之"(司马迁引董仲舒的话),可见在当时反对孔子的正是旧的统治者,难道孔子专门拥护当时的旧势力,而他们反不要孔子拥护吗?到战国末期,从韩非的话来看,只有儒、墨是当时的"显学",儒、墨既都不为六国的君主所重视(他们重的是法家),则这一显学的地位,自然是后代多数人所抬出来的,所以汉兴数十年间,儒家就取得师表万世的地位,应该说,不是偶然的。

问题就在于此,孔子既为旧社会恶势力所摈斥,又为新社会新力量所推崇。但从学术上来说,他值得推崇的理由,究竟是些什么呢?很显然,汉代所推崇的儒学,是当时最盛的今文学。可以说,孔子是因今文学为时所重,才开始取得汉武帝的尊崇的。今文学的实质内容,就是儒家独尊之所在。我们从这里面来理解孔子,可能差得不大远。

却又有一个问题须得研究,秦始皇、汉武帝两个专制君主的差别,究竟在什么地方呢?秦始皇焚书坑儒,太子扶苏就谏劝他说:"诸生皆诵法孔子。"秦始皇对儒生是深恶痛绝的。然而汉武帝对儒生却又推崇备至,这又当如何解释呢?其实,秦皇、汉武并没有多大的差别。秦是因"人善其所私学,以非上之所建立",才致焚书之祸。从《说苑》的记载看,鲍白令之(应是鲍丘之误,即《盐铁论》之包丘子,《史记》之浮丘伯)提出"禅让"理论,面责始皇为桀纣,而主张五帝"官天下",反对"家天下",然而"禅让"确是今文学一大义。儒生就是坚持这一主张来与秦的统治者作斗争的,所以始皇必至坑儒。但汉武帝又何尝不如此呢?赵绾、王臧请立"明堂",这也是今文学一大义(详后)。赵、王两人都是武帝的老师,但因此两人同致杀身之祸。即如武帝以后的眭孟、盖宽饶,也是请汉禅让而致杀身之祸的。由此可见,凡坚持儒家学说的人,无论六国之君或秦皇、汉武都是不能容的。而儒之为汉代社会上多数人所推崇,正在于此等人物和他坚持的大义。至于汉武帝时所谓以儒显的,首先是公孙弘这种曲学阿世者。"罢黜百家,立学校之官,皆自仲舒发之。"这是后世所称为大有功于儒学的人。但"汤武革命",岂非今文学一大义吗(详后)?董仲舒变"汤武革命"为三代"改制"。"易姓受命"是禅让的学说,但董仲舒何以又要说"继体守文之君"(即世及之君),"不害圣人之受命",同时又把今文学主张的井田变为限田呢?实际上,儒家最高的理想与专制君主不相容的精微部分,阿世者流一齐打了折扣,而与君权妥协了,今文学从此已经变质了。董仲舒又何尝不是曲学阿世之流。儒学本为后来所推重,这时经董仲舒、公孙弘之流的修改与曲解之后,这样变了质的儒学,却又是专制帝王汉武帝乐于利用的了。

我们又从战国末期儒、墨在社会上同为显学,而又不为时君世主所愿接受这一点来探讨,亦能看出儒、墨的主张,确在当时是符合于多数人民的利益而与专制王朝对抗的。墨家首先提出了选天子和公卿大夫,《礼运》认"大人世及"为小康,那末大同所主张的"选贤与能"也就是选天子。《礼运》认"禹、汤、文、武、成王、周公"六君子为小康,自然要尧、舜禅让才是大同,前后思想是一致的。小康是"天下为家",大同是"天下为公",两相对照,这是何等明白!"货力为己""以立田里"(井田),和"货恶其弃于地不必藏于己,力恶其不出于身不必为己"是相对照的。"城郭沟池以为固",和"讲信修睦"是相对照的。"各亲其亲"和"不独亲其亲"是相对照的。"谋用是作而兵由此起"和"谋闭不用,乱贼不作"亦是相对照的。可见儒、墨同为显学,正是符合社会多数人的利益,而对专制君主却含有极大的危险性。今文学本是富有斗争性的,而董仲舒放弃了这一点,降低了儒家的理想要求,因而对专制君主没有危害反而有益,所以董仲舒的儒学是妥协的、让步的了。这就无怪乎汉武不但能接受反而要加以推崇。所以像赵绾、王臧、眭孟、盖宽饶那些坚决斗争的人,必然以身殉道。在这种高压之下,一部分人变节,放弃了主张,入于利禄之途;一部分人只能隐蔽起来,秘密传授,所谓"以授所贤弟子"。公开讲的是表面一套,秘密讲的才是真的一套。这就是后来所谓的"内学"。同时又不能不用阴阳五行为外衣当烟幕,这便成为后代纬书(不是谶学)的来源。在博士官的学者,就入到"分文析字,烦言碎辞"的章句之学。今文学从这里就分为二了。传内学的自负为"微言大义",传外学的(博士)"于辟雍、巡狩、封禅之仪,则幽冥而莫知其原",所以今文大义也就被他们湮灭了。到石渠、白虎两次会议,专论礼制,由皇帝称制临决以后,就成为御用品了。这种儒学本是不足道的。古文家起来专讲训诂那也是卑卑不足道的,专去考查怎样才是古代史迹,对于今文学的理想、孔子学术的真谛也就沉晦不明了。清末康有为专讲《公羊》,尊重董仲舒,也不是今文学的全面,所以他结果只能言变法,却不能从礼家研究一王大法的具体制度,就是这个道理。从学术上看,他只能是董仲舒派的今文学而已。

但真正的今文学是否就从此绝迹,继起无人呢?并不是这样,儒学的大义思想逐渐由秘密传授转入躬行实践,走上行动方面去了。从今文学看,如"齐《诗》""京《易》"等派都是大谈"汤武革命"的。他们似乎也知道专制君主是不会轻易放弃自家的地位的,最后一定要诉诸于武装斗争,不能用与狐谋皮、与羊谋羞的方法来求得解决。但自战国以来的儒家,有一个大缺点,他们总认为"无土不王"。"汤以七十里,文王以百里",这些事实成为他们的迂腐成见,而他们认为必须要有七十里或百里才能革命。后来陈涉等揭竿而起,似乎才打破了这种迷信。《史记》说:"陈涉之王也,鲁诸儒持孔氏之礼器往归陈王,于是孔甲为陈涉博士,卒与涉俱死。"可见这一次人民大起义为儒生所拥护而打破了原有的成见,陈涉虽然失败,而刘邦却成了功。这对部分儒生受到绝大的启发。司马迁对陈涉、项羽、刘邦的事就说过:"然王迹之兴,起于闾巷,合从讨伐,轶于三代,安在无土不王?"三代自然是指汤、武。这就证明他知道农民是可以起而革命的,所以他反驳了"无土不王"的陈腐见解。

到成帝时,齐人甘忠可造《天官历》《包元太平经》十二卷,以教夏贺良、丁广世、郭昌诸人,于是解光、李寻也竭力宣扬这一套学说,这些人都是今文学家。后来也因此而遭到诛杀或减死一等的处分。《太平经》的思想,对汉代的农民起义实际上起了极大作用,可说《太平经》是中国倡导农民起义的巨著。张角号称黄巾,就是太平道。他们明确地提出"苍天已死,黄天当立",这就是说要推倒刘氏的专制统治。西汉末年,赤眉、铜马、新市、平林,无论哪一支起义队伍,都要拥戴一个姓刘的来号召,这和陈胜、吴广起义的时候,大家都要找六国的后人来号召一样。但到三国黄巾起义时就不然了，农民不要姓刘的了，从此以后中国历史上多次农民起义都有宗教关系，它们要求均贫富、等贵贱，是很鲜明的。这与《太平经》与今文学能说没有关系吗？《太平经》中正蕴蓄着很多今文学的思想，这是可以考见的。当然今天所保存的《太平经》，早已经过无数次的删改和伪增，已经不是西汉时代的原形，但还可推求出一些原始面目。它和魏伯阳、陶弘景、寇谦之以后的道书专言服食、导引、存想、符箓是截然不同的，它希望的是"风调雨顺，国泰民安"，它也要求"圣君贤相"，它是代表农民意愿的书，它和秦皇、汉武求神仙方术的冀图又有天渊之别的。

　　继承孔子的思想而演变出的今文学思想发展如此。但汉代儒生却自认为是传孔子之学，喜欢说"孔子没而微言绝，七十子丧而大义乖"。什么才是微言呢？微言是微见其意之言，所谓"当世君臣有威权势力"，是以"隐其书而不宣，所以免时难也"，所谓"所褒讳贬损不可以书见，口授弟子"。正是因为微言的内容是"经世之志"，是"天子之事"，是"一王大法"，是新的一套理论，是继周损益的一套创造性的革新的制度，这和宋儒所谓性命之道才是微言的意思全然不同。这套制度主要见于礼家如两戴记之类（详后），而《春秋》家和《公羊》只空言其义，见不出什么制度的体段，所以大家就认为是非常可怪之论。康有为就是因为只谈《公羊》而不谈礼，因之也就不能知道今文学的全貌和今文学的高峰。而这一高峰在当时也只能微见其意口授弟子而已。所以刘歆骂今文学是"信口说而背传记",许慎也骂今文家是"怪旧艺而善野言",这种"口说""野言",正是和威权势力斗争最尖锐的实质所在。不过今文家这一套恢宏阔大、纲举目张的整套制度,是否真是从孔子的微言口授传出来的?如其不是孔子早定的制度,今文家又为什么要把自己可贵的思想,偏要说为是孔子的思想,难道没有理由吗?我们必须加以探讨。

孔子毕竟是春秋时代的人,不能不有着时代的局限性。从今天来说,显然有他落后的一面,但也有他进步的一面,后来的今文学的思想不能说不是导源于他的。如《论语》一部书中,就真有些使人不易明白的话。如问"桓公杀公子纠,召忽死之,管仲不能死,又相之",这是从统治阶级内部的君臣大义来责备管仲的。但孔子却只说"相桓公,霸诸侯,一匡天下,民到于今受其赐。微管仲,吾其被发左衽矣"。这只是从人民利益、民族利益来称赞管仲,对君臣之义一层,只字不提。孔子所骂的"匹夫匹妇之为谅",当然指的是召忽。这种重视人民利益而轻视君臣大义,无论汉、唐、宋、明的注解,都不能理解这一点,总使人觉得管仲在君臣大义上是说不过去,是他的缺点。今天只有在毛泽东思想的教导下才能说明这一点。管仲有这样的大功,是了不起的,其余就不必论了。这是何等卓越的识见,何等伟大的胸怀。"公山弗扰以费叛,召,子欲往。佛肸以中牟叛，召，子欲往。"这都是人们对孔子关于君臣之义在思想上想不通的。其实，这就是吊民革命的思想。孟、荀以"桀纣为独夫"，还是从这种理解来的。今文家辕固、翼奉、京房、干宝的思想，也正是导源于此。宋时，严松曾问陆梭山："孟子说诸侯以王道，行王道以崇周乎？行王道以得天位乎？"梭山的答复是"得天位"。严松又问："岂教之篡夺乎？"梭山说："民为贵，社稷次之，君为轻。"象山叹息说道："旷古以来，无此议论。"陆象山是佩服这一答案的，但他说旷古无此议论就未必然。从汉到晋，如干宝，如孙盛，大概传今文学的都懂得这种议论。就在宋代，如邵尧夫诸人也有这种议论。曹魏时许芝说："周公反政，尸子以为孔子非之，以为周公其不圣乎？以天下让，不为兆民也。"为兆民这一思想，就是要往费、往中牟的主脑，这是孔子思想的根本，是孔子学说的最高原则。孔子把让天下当成小事，把为兆民才认为是大事，这是何等精透的识见。今文学正是从这一原则扩充出去的。把这一学说发挥得最完备，以至于千头万绪，这自然不是孔子所能达到的程度，也不是秦汉儒生那一个人独力所能作到的，而一定是在长时间的封建社会严酷统治之下，给许多人的思想启示才达到的。这也不仅只有儒家许多学者就能这样高明，这显然是儒家吸取周秦诸子百家之长，却又以孔子思想为中心，加以丰富才发挥出来的。《公羊》家只言"文质"，只言"从殷"，《公羊春秋》言从殷,是有取于法家的理论,法家是法殷的,法家扩张君权,排斥贵族,这是他认识时代,是他的进步,《公羊》取法家,所以讥世卿,这是清楚的。礼家言"三教",说"夏尚忠",礼家法夏,是有取于墨家的理论,墨家是法夏的,墨家要选天子、齐贫贵,这是他反对暴政,是他的进步。《汉书·艺文志》说的墨家者流,养三老五更、选士、大射等,都是墨家师说,而只能见于汉代礼家书中,井研廖先生晚年论此事也很清楚的。荀卿常称道仲尼、子弓,诸子引《周易》最早的就是荀卿,他是到过楚国的,子弓也就是传《易》的楚人馯臂子弓。《易传》多论天道,言性、命,言感、寂,言道、器,颇近道家,《易》家显然是有取于道家的。到了汉代今文家的儒学更趋于精深博大,不能说不是撷取百家之长。社会发展与思想演进是相应的。这些本来是今文学家所作出的贡献,而他们却把这一切学说都归之于孔子的微言、七十子的大义,而且认为长时期以来口授心传的内容早已如此,那就不是事实了。我只能说这些学说都接触到孔子,或者是导源于孔子。

我们从上面的论证看来,也确乎看出这一意识形态的演变事实。孔子与某些思想家一样,原有他为时代所局限的一面,也有他进步的一面。例如孔子说过"吾从周",这是不能不局限于时代的一面的。但他又说:"殷因于夏礼,所损益可知也;周因于殷礼,所损益可知也;其或继周者,虽百世可知也。"他又答"颜渊问为邦"说:"行夏之时,乘殷之辂,服周之冕,乐则韶武。"这种损益四代的提法,能说他局限于时代吗?干宝早就看清楚了这一层,而大发议论了。孔子说过:"可与立,未可与权。"权就是变,是打破常规,是不为世俗格套所拘束。孟子说:"有伊尹之志则可,无伊尹之志则篡。""有卫女之志则可,无卫女之志则乱。"孟子又称赞"舜之不告而娶",说"嫂溺而援之手,权也"。原因是孔孟书中本来就有经(常)、有权(变)两部分言论,经是同于世俗之儒,是孔子经常谈到的,是局限于时代的一面;权是高出于世俗之儒,是孔子很少谈到的,是不局限于时代的一面。我们从历史的发展来看,每一时代有每一时代的社会意识,在某些特点方面也常常有超过孔子的,这些儒者总是把自己所见到的,认为这才是孔子的真传,而他们所举孔子主要的话句,都是孔子很少谈到的话,宋儒就是例证。宋人又认这一部分是微言,其实认为他们接触了孔子或导源于孔子,原没有什么不可的,如把全部都归之于孔子就不对了。汉、宋儒者之所谓微言都是孔子所谓权的一部分,也是弟子和时人所怀疑的一部分,汉、宋儒者所发挥的学说,也许是孔子所意识到了的。总的来说,从某一时代某一学派去衡量孔子也未尝不可,不过总要把这些学说和孔子的某些地方或同或异分析清楚,才合乎辩证法。从今文学来论孔子也应该是不能例外的。

一

今学思想,应当以《齐诗》《京易》《公羊春秋》的"革命""素王"学说为其中心,礼家制度为其辅翼。

"革命"学说,当导源于孟子。我们都知道孟子是民本主义者。为了他曾说过"民为贵,社稷次之,君为轻",差点儿被明太祖赶出文庙,断了他的香火。他既主张贵民而轻君,所以当君主严重违反人民意志,违反人民利益的时候,他便毅然的主张"诛放"(杀戮放逐)。《孟子》书载:

> 齐宣王问曰:"汤放桀,武王伐纣,有诸?"孟子对曰:"于传有之。"曰:"臣弑其君,可乎?"曰:"贼仁者谓之贼,贼义者谓之残,残贼之人谓之一夫。闻诛一夫纣矣,未闻弑君也。"

荀子是和孟子齐名的儒家后劲,虽然他已改变孟子的轻君为尊君,但其贵民思想仍然是和孟子相同的,所以他也主张汤武不篡夺而为诛独夫。他说:

> 世俗之论者曰:"桀纣有天下,汤武篡而夺之。"是不然。以桀纣为常(尝)有天下之籍则然……天下

谓在桀纣则不然。……有天下之后也,执籍之所在也。……然而不材不中,内则百姓疾之,外则诸侯叛之,……甚则诸侯侵削之、攻伐之。若是,则虽未亡,吾谓之无天下矣。圣王没,……天下无君,诸侯有能德明威积,海内之民莫不愿得以为君师,然而暴国独侈。……必不害无罪之民,诛暴国之君,若诛独夫。若是,则可谓能用天下矣。能用天下谓之王,汤武非取天下也,修其道,行其义,兴天下之同利,除天下之同害,而天下归之也。桀纣非去天下也,乱礼义之分,积其凶,全其恶,而天下去之也。天下归之谓之王,天下去之谓之亡,故桀纣无天下,而汤武不弑君。(《正论篇》)

虽然他们由于时代的限制,还不能突破"天降下民,作之君,作之师",把君主认为是受天之命以统治人民的传统观念,但他们却提出了"天之立君,以为民也"的新观念。君主受命的观念虽未变,但君主的任务却已大大改变了。由于改变了君主的任务是"为民",所以当君主严重违反其所负担的"为民"的任务时,他所承受的天命便要被否定了。他所承担的天命既被否定,则他实际所处的"天子"的地位也就被否定而被认为是"独夫"了。这一思想在《易传》中得到进一步的发展。例如:

天地革而四时成,汤武革命,顺乎天而应乎人。革之时义大矣哉。(革卦《象辞》)

　孟、荀是先否认桀纣所受的天命,然后提出汤武不篡弑。《易传》则是承认桀纣所受的天命,但是却认为这个天命是可以革去的,明确地提出了"革命"的概念。这便是现在所用"革命"一辞的语源。

　很显然,这种思想是对当时专制残暴的君主的反抗。《易传》的思想虽和孟、荀是一致的,但是它在提法上比孟、荀更明确也更尖锐。孟子、荀子都是战国时人,《易传》一般也认为是战国晚期的作品。战国是我国历史上的一个剧变时期,政治、经济、社会、文化,一切都处在急剧的变化中。而且战争频繁,人民极度困苦。在这样的时代里,在一些进步的学者中创造了这种进步的理论来反抗当时专制君主的残虐,这完全是适时的,完全是符合人民要求的。正由于这一思想的人民性,所以它在人民中富有生长力。虽在以武力统一六国实行残酷统治的秦朝,和篡取农民起义果实、实行专制政治的汉朝,这一思想一直保持在一部分学者的思想中。但是,由于时代改变了,统治也加强了,学者们便不能不采取各种各样的隐蔽形式来讲授传说。或者是凭口授而不著竹帛,或者是以阴阳五行为烟幕,或者是托于古圣先贤以为掩护,这都是迫于专制淫威,不得不如此。《史记·儒林传》载黄生

与辕固生争论于景帝前:

> 黄生曰:"汤武非受命,乃弑也。"辕固生曰:"不然。夫桀纣虐乱,天下之心皆归汤武,汤武与天下之心而诛桀纣,桀纣之民不为之使而归汤武,汤武不得已而立,非受命而何?"黄生曰:"冠虽敝,必加于首,履虽新,必关于足,何者?上下之分也。今桀纣虽失道,然君上也。汤武虽圣,臣下也。夫主有失行,臣下不能正言匡过,以尊天子,反因过而诛之,代立践南面,非弑而何也?"辕固生曰:"必若所云,是高帝代秦即天子之位,非邪?"

很显然,辕固的说法正是和孟、荀、《易传》一致的,是承受了这一传统思想。这一场争论搞得景帝很难处理,如果否定辕固的理论,自己的祖宗便将是名不正言不顺,如果承认辕固的理论,则自己的(或子孙的)帝位就难保全。于是只好禁止争论这类问题,因而便使"是后学者莫敢明受命放杀者"①了,于是这一思想只好转入隐蔽形态。汉初讲说《诗经》的分齐、鲁、韩三派,而《齐诗》就是传自

---

① 《史记·儒林传》:"……则是高祖代秦即天子位,非邪!于是景帝曰:'食肉不食马肝,不为不知味,言学者无言汤武受命,不为愚。'遂罢。是后学者明受命放杀者。"

辕固。《齐诗》有所谓"四始""五际"的学说:

> 《大明》在亥,水始也。《四牡》在寅,木始也。《嘉鱼》在巳,火始也。《鸿雁》在申,金始也。午亥之际为革命,卯酉之际为改正(一本作革正,正同政)。卯,《天保》也;酉,《祈父》也;午,《采芑》也;亥,《大明》也,然则亥为革命,一际也。亥又为天门,出入候听,二际也。卯为阴阳交际,三际也。午为阳谢阴兴,四际也。酉为阴盛阳微,五际也。①

《天保》《祈文》《采芑》《大明》《四牡》《嘉鱼》《鸿雁》等,都是《诗经》的篇名。《齐诗》把《诗经》中的篇章都用来和阴阳五行相配,从而另外提出一番新理论。关于诗章和五行如何配合?什么叫"始"?什么叫"际"?这需要专门讨论,且暂不去管它,我们只注意其提出的新理论就行了。《齐诗》说"《大明》在亥",我们查出《大明》是《诗经·大雅·文王之什》的一篇,是记述殷的天命已终,上天命武王伐商战于牧野的叙述。可知《齐诗》所说"亥为革命"的"革命",正是我们前面所说的汤武革命的"革命"。辕固所说"汤武受命"的理论正是和"五际""革命"的理论是一致的。统治者不准讲论汤武受命,就只好透

---

① 见陈乔枞《三家诗遗说考》引。

过《大明》之诗披着阴阳五行的外衣来讲论了。

京房《易传》说:"凡为王者,恶者去之,弱者夺之,易姓改代,天命不常,人谋鬼谋,百姓与能。"①"易姓改代天命不常"也正是汤武受命的理论,是京房也是主张"革命"学说的。陈乔枞说《焦易》多合《齐诗》②,京房学《易》于焦延寿,他的思想自然是能合于《齐诗》的。谷永懂京氏《易》,他说:"天生烝民,不能相治,为立王者以统理之。方制海内,非为天子,列土封疆,非为诸侯,皆以为民也。垂三统,列三正,去无道,开有德,不私一姓,以天下乃天下之天下,非一人之天下也。"这也正是孟、荀"为民""贵民"的理论。他又说:"去恶夺弱,迁命圣贤","贱人当起,京师道微"③,也正是京房"易姓改代"的学说。史家说京房、谷永都"善言灾异",想来也正如《齐诗》的披上阴阳五行的外衣吧!干宝传京氏《传》,在《易经》中对京房思想阐述最多。张惠言说:"令升(宝字)之注,仅存三十卦,而又不完,然其言文武革纣、周公摄成王者十有八焉。"④可知文武革纣是干宝注《易》的重要内容。《易·坤·象》曰:"龙战于野,其血玄黄。""龙战于野,其道穷也。"干注说:

---

① 《三国志·魏文帝纪》注引许芝疏引。
② 见陈乔枞《三家诗遗说考》。
③ 俱见《汉书·谷永传》。
④ 见张惠言《易义别录》。

> 文王之忠于殷，抑参二之强，以事独夫之纣，祈殷命以济生民也。纣遂长恶不悛，天命殛之，是以至于武王，遂有牧野之事。
>
> 天道穷至于阴阳相薄也，君德穷至于攻战受诛也。

孙盛说《易》同于干宝，他说：

> 古之立君，所以司牧群黎。若乃淫欲是纵，酷彼群生，则天人殛之，剿绝其祚，夺其南面之尊，加其独夫之戮。是故汤武抗钺，不犯不顺之讥，汉高奋剑，而无失节之议。何者？诚四海之酷仇而人神之所摈故也。

这些说法都当是继承京《易》的传统思想，是完全符合于《易传》《齐诗》言"革命"，孟子、荀子言"诛放"的精神的。京房《易传》现已失传，无法知道他还有些什么理论，甚为可惜。干宝《易经》的思想既是继承京房，我们不妨再提出一些干宝的思想来作为观察京房思想的补充。干宝《晋武帝革命论》说：

> 帝王之兴，必俟天命，文质异时，兴建不同。故古之有天下者，柏皇、栗陆以前，为而不有，应而不

求,执大象也。鸿黄世及,以一民也。尧舜内禅,体文德也。汉魏外禅,顺大名也。汤武革命,应天人也。高光征伐,定功业也。各因其运而天下随时。随时之义大矣哉!

谁都知道晋武是受魏禅,而干宝却根据《易经》"随时"(适应时代要求)的理论说他是"革命",而认为"禅让""征伐"都是"革命"。认为"禅让""征伐"都是"革命"的说法既是根据《易经》的理论,可能这也是京房《易传》的思想。我们再看干宝《易·杂卦》注:

凡《易》既分为六十四卦,以为上、下经,天人之事,各有始终,夫子又为《序卦》以明其相承受之义。然则文王、周公所遭遇之运,武王、成王所先后之政,苍精受命,短长之期,备于此矣。……伏羲、黄帝皆系世象贤,欲使天下世有常君也。而尧、舜禅代,非黄、农之化,朱、均顽也。汤、武逆取,非唐、虞之迹,桀、纣之不君也。伊尹废立,非从顺之节,使太甲思愆也。周公摄政,非汤、武之典,成王幼年也。凡此皆圣贤所遭遇异时者也。夏政尚忠,忠之弊野,故殷自野以教敬;敬之弊鬼,故周自鬼以教文;文之弊薄,故春秋阅诸三代而损益之。颜渊问为邦,子曰:"行夏之时,乘殷之辂,服周之冕。"弟子问政者数也,而夫子不与言三代损益,以非其任也。回则备言王者之佐,伊尹之人也,故夫子及之焉。是以圣人之于天下也,同不是,异不非,百世以俟圣人而不惑,一以贯之矣。

这里所说的"苍精受命""回则备王者之佐比伊尹"等提法,正是汉代今学家"孔子素王"的说法。"三代损益"又正是孔子素王的制度。干宝注《易》用此,想来也是本于京房的思想。"革命""禅让""素王"本来就是三位一体的不可分割的学说。

素者,空也,"素王"就是只有其德而无其位的"王"。今学家认为孔子的德是可以为王了,但没有实际的王位,而寓王法于《春秋》,所以称为"素王"。既是寓王法于《春秋》,所以孔子"素王"又或称为"《春秋》素王",都是一个意思。"素王"说是必须以"革命"论作为根据的。《说苑》引孔子说:"周道不亡,《春秋》不作,《春秋》作而后君子知周道之亡。"这正是说《春秋》是继周为王,继周为王正是《公羊》家"素王"说的根据,但若不革去周命,《春秋》何能继周为王。"素王"说若不把"革命"论作为前提,当然就不免被认为是"非常可怪"之论了。

"素王"说在汉初以《公羊》家持之最力。《公羊》家说:"孔子作《春秋》,见素王之文焉。"[①]把素王说作为理解

---

① 《汉书·董仲舒传》。

《春秋》的中心思想。后来纬书中也说得很多,更有所谓司徒、司空素臣之说法,俨然如同一个小王朝了。他如孔子主王法、乘黑运等等,也都是孔子"素王"的异称。这些材料现在可见的汉儒书籍中不下三四十条,井研廖先生有《素王证义》,兹不多详。"素王"说虽为今学家的主要学说,然而这一学说当导源于墨家。墨家尚贤,主张贤人政治,尚贤的极致便主张"选天下之贤可者,立以为天子,……又选择天下之贤可者,置立之以为三公"(《墨子·尚同上》),而成为尚同说的基础。墨家的巨子制度,就是墨家尚贤、尚同学说的实践。"巨子"就是墨家理想的应当立为天子的圣人。大家都应当服从巨子,所以庄子说墨家:"以巨子为圣人,皆愿为之尸。"墨家这一"选天子"学说,后来被儒家所接受。儒家既已接受选天子学说,巨子制度当也同时被接受(但不是全盘接受)。《墨子·公孟篇》载:

> 公孟子谓墨子曰:"昔者圣王之列也,上圣立为天子,其次立为卿大夫。今孔子博于《诗》《书》,察于礼乐,详于万物。若使孔子当圣王,则岂不以孔子为天子哉。"

公孟子的说法正是根据墨家理论而提出来的,"孔子为天子"正是墨家"巨子"、儒家"素王"的说法。章太炎先生以为公孟即孔子弟子公孟子高,就是公明高,也就是公羊高。《公羊》家的"素王"学说,正是从这里继承下来的。孟子曾说"《春秋》,天子之事也",其意正是以《春秋》为"新王"。他又说:"匹夫而有天下者,德必若舜、禹,而又有天子荐之者,故仲尼不有天下。"这不正是公孟子"使孔子当(遇)圣王,岂不以孔子为天子"的翻板吗?这说明孟子也是主张"素王"说的。孟子曾称述过公明高,他这一思想也就来自公明高。今学家"素王"学说既出于墨家而同于巨子,然而近世部分学者对巨子则谆谆乐道,对"素王"则疑其怪诞,这一态度是很难令人理解的。

《齐诗》讲"革命",《公羊》讲"素王"。但两者是不能分割的,不能孤立起来讲论的。很显然,如果没有"革命"来"易姓改代",圣人如何能受命而王。故只讲"素王"而不讲"革命",称王便失掉根据。反过来,如果没有"素王"的"一王大法","革命"便将无所归宿,故只讲"革命"而不讲"素王","革命"便失掉行动目的。《齐诗》《公羊》都是齐学。辕固为《齐诗》之祖,其先人园宣明《公羊春秋》,为博士[①],古代学术多家世其传,辕固当然同时也讲《公羊》"素王"的。董仲舒传《公羊》,他在《春秋繁露》中说:"儒

---

① 《陈留风俗传》:"国廋字宣,明《公羊春秋》,为秦博士。"园又作圈、作辕,正是辕固先人。《史记·叔孙通传》载秦二世时博士以《公羊》义对二世,正是宣为博士时事。

者以汤、武为至圣大贤也,今足下以汤、武为不义,何也?天之生民,非为王也,而立王以为民也。其德足以安乐民者天予之,其恶足以贼害民者天夺之。封泰山,禅梁父,易姓而王,德如尧、舜者七十二人。天子者天之所予也,其所伐者,天之所夺也。今唯以汤、武之伐桀、纣为不义,七十二王亦有伐,推足下之说,将以七十二王为皆不义也。今桀、纣令天下而不行,禁天下而不止,安在其能臣天下也。果不能臣天下,何谓汤、武弑?"董仲舒的说法正和辕固相同,董仲舒当然同时也讲《齐诗》"革命"的。"革命""素王"二说,如车之两轮,相依为用,缺一不可。必须把《公羊》《齐诗》二者合起来看,而后可以窥其全豹。而后才能知道推论《京易》兼讲"革命""素王",并不是附会之辞。

董仲舒虽然是承受了"革命""素王"的学说,但是他却没有坚持这一学说。眭孟说:"先师董仲舒有言:虽有继体守文之君,不害圣人之受命。"认为"继体守文之君"也可以作为"圣人"而"受命"。换句话说,就是把"易姓改代"的受命,改变为"继体之君"的受命了。因而他对夏、商、周三代的更替,不是从汤、武革命的观点上来叙述,三代明是"革命",《春秋繁露》的第二十三篇却称为"三代改制",而只是强调三统、三正、夏商、质文等制度上的变化。于是《繁露》一书满纸都是"改制",而有意把"革命"的意义掩没。所谓"改制",只不过是《齐诗》"五际"的"改正",

虽和"革命"同属"五际"的范畴,但就其政治意义来看,显然是以改制论代替了革命论,其高下之差是很悬殊的。董仲舒既改"革命"为"改制",不能不改"素王"为"王鲁"。素王是代周而王的孔子,是德若舜、禹的贤者,而《春秋》是另立一套"一王大法"。王鲁则代周而王的是鲁君,是当时的现实君主,只不过是改制以当新王。讲革命,讲素王,同时也讲"禅让",故今学多主禅让(见前叙《京易》,并详后封禅段)。讲改制,讲王鲁,其必然的结论就是因时王而改制,当然也就不需要禅让。这在董仲舒的《春秋繁露》中体现得很清楚,他甚至还说"尧、舜不擅移"。从这个对比中,我们可以清楚地看出董仲舒是改变了他所承受的学说来迎合汉王朝的好尚的。我们可以说,他的今学,已经是被阉割了的学说,他本人就是操刀阉割的刽子手。于此然后知汉武帝之所以能够接受董仲舒的建议而表彰六经独尊儒术,并不是偶然的。于此然后知以董仲舒作为论述西汉今学的代表是绝不妥当的。清末一部分主张变法的学者,大倡改制理论,其主要根据就是董仲舒的《公羊》。董仲舒既用改制以阿附汉武帝,而清末变法之士最后也沦为拥护清朝的保皇党,前后如出一辙。很明显,这正是其改制理论的必然结果。保皇党在政治上是失败了,而他们所提出来的孔子改制的理论却在人们思想上烙下了深深的痕迹,很多研究经学的学者都还不能摆脱这一影响,这是值得我们注意的。

二

前面曾说到"素王"是寓王法于《春秋》,今学家又常说《春秋》为汉制作。但所谓"王法"究竟是什么呢?所谓"制作"究竟又是些什么呢?很显然,今学家必还有一套和革命、素王思想相一贯的具体的典章制度存在。但这在现存资料中,却不能找到明确的答案。学者有用"行夏之时,乘殷之辂,服周之冕","殷因于夏礼,所损益可知也;周因于殷礼,所损益可知也,其或继周者,虽百世可知也"等"三代损益"的说法来作解答的。但是,这也只不过是所谓"《春秋》新王大法"的拟订原则而已,还是不能解决问题。对这问题,我们应当这样来理解:正是由于这套制度是和革命、素王理论相一贯,所以它同样是王朝统治者所不能容忍的。当时学者迫于统治权威的压力,只好托之于三代,以寄寓其理想。这样,虽然把理想的制度保全了,但却把真正的三古制度搞混淆了。所以汉代的经师们,在讲授同一经籍的时候,却讲出了各各不相同的制度,其所以不同的根源,就在于此。因此,我们就必须仔细分析汉代经师们所讲的各种制度,整理出哪些制度是历史的陈迹,哪些制度是寄寓的理想,然后才能观察出理想制度所体现的思想实质,然后才能看出经学家思想的全貌。现在仅提出几项主要制度来分析:

(一)井田

研究井田,必然不能离开孟子,一般认为他是最早的讲论井田的学者。《孟子·滕文公上》载:

> 滕文公问为国,孟子曰:"民事不可缓也。……夏后氏五十而贡,殷人七十而助,周人百亩而彻,其实皆什一也。彻者彻也,助君籍也。龙子曰:'治地莫善于助,莫不善于贡。'贡者校数岁之中以为常。……《诗》云:'雨我公田,遂及我私。'惟助为有公田。由此观之,虽周亦助也。……夫滕壤地褊小,将为君子焉,将为野人焉。无君子莫治野人,无野人莫养君子。请野九一而助,国中什一使自赋。……方里而井,井九百亩,其中为公田,八家皆私百亩,同养公田,公事毕,然后敢治私事,所以别野人也。"

从这段文字里,我们可以知道:(一)三代田制不同,夏是贡法,殷是助法,周是彻法。(二)他向滕国建议:"请野九一而助,国中什一使自赋。"是野行助法,国中行彻法,彻助并行。(三)从他说"方里而井……所以别野人也"一段来看,可知助法是行于野人的。反过来说,就是彻法施于君子。(四)从(二)(三)两点来看,可知国中所居是君子,而野所居是野人。

关于(一)点,他既说"周人百亩而彻",似乎周人行彻法是肯定了的,但他却又说"虽周亦助也",岂不是自相矛盾么?从(二)(三)(四)三点来看,可知孟子向滕国建议的是:在居住君子的国中行彻法,居住野人的野行助法的彻助并行的办法。孟子既引用了龙子"治地莫善于助"的话,想来他也是同意这个说法的。但他却向滕国建议彻助并行,岂不又是自相矛盾么?对于孟子这段文字究竟应当如何理解呢?对孟子这些矛盾究竟应当怎样解决呢?我们试看看《周官》,而后知道《周官》乡、遂、鄙田制不同,正是彻助并行。孟子主张从周,他所说的正是周制。

《周官·地官》小司徒之职:"乃经土地而井牧其田野。九夫为井,四井为邑,四邑为丘,四丘为甸,四甸为县,四县为都。"郑康成注:"此谓造都鄙也。制井田异于乡遂。"郑康成指出《周官》的田制有井田和非井田两种,这是完全正确的。但他认为乡遂全是一样,都不是井田,乡出兵而遂出副倅之士,就不完全正确了。仅仅乡不是井田,而遂则虽是井田,而又有所不同(见下)。《周官》军制在小司徒之职:"五人为伍,五伍为两,四两为卒,五卒为旅,五旅为师,五师为军,以起军旅。"总计每军是一万二千五百人,这正和六乡之制相合:"五家为比,五比为闾,四闾为族,五族为党,五党为州,五州为乡。"每乡一万二千五百家,家役一人的数字相符。军制各级人数也和乡制各级户数相符。天子六军也和六乡之数相符。而遂则绝对找不出军制的痕迹。连副倅之士也是六乡自有。这说明居住六乡的人服兵役,居住六遂和都鄙者则不服兵役。古人称士兵为君子,越有"君子六千人",楚有"都君子王马之属"的"君子",都是指士兵。① 是《周官》六乡居民都是君子。六乡所居都是君子,而又不行井田,这就正是孟子所说的"国中"。《周官·地官》载遂人之职有:掌邦之野,起野役,共野牲,令野职,修野道,作野民。遂师之职有:共野牲,入野职野赋,道野役,平野民。遂人所属县正之职有用野民。遂人所属旅师之职有聚野之锄粟。遂人既掌邦之野,而在职守中又加上这许多野字。六乡但称民,而六遂则称野民;六乡但称役,而六遂则称野役。很显然《周官》是以六遂为野,而以所居为野民的。叶水心说:"六乡于王畿为近,而皆君子,故使之什一自赋,其粟则藏于仓人。六遂于王畿为远,而皆野人,故使之九一而助。其粟则聚于旅师,遂人以兴锄利甿,里宰合耦于锄,旅师聚野之锄粟。锄即助字,助字唯见于六遂之官。"叶水心用仅见于六遂官职中的助字来说明六遂是用助法,我们认为这是非常精透的,这就正是小司徒所掌的

---

① 《国语·吴语》:"越王以其私卒君子六千人为中军。"《左传》昭公二十七年载:楚"左司马沈戌帅都君子与王属之属以济师,与吴师遇于穷"。

井田。六遂既被称为野,所居又为野民,又不服兵役,这就正是孟子所说的野。叶水心用《孟子》和《周官》合起来讲,是深刻的,这正是周代的旧制。《国语》载管仲治齐是:"参其国而五其鄙。"所谓"参国",是"制国十五乡",桓公、高子、国子各将五乡,而立三军。所谓"五鄙",则不记出军而但有"井田畴均"。国出军,鄙不出军而行井田,这和《周官》乡遂之制完全相合。是这种乡遂、国野、君子野人的差别到春秋时都还存在。

《周官·地官·序官》中,郑康成注郑司农说王城"百里内为六乡,百里外为六遂"。这种用大圈圈套小圈圈的办法来理解乡遂,是不合适的。刘申叔先生说王莽设六乡在长安,六队(即遂字)在洛阳,莽政多摹仿《周官》,是西汉时都以六乡在长安、六遂在洛阳,这才是《周官》乡遂的正解。这一理解很正确。洛阳在周时称成周,正是周公镇压了武庚(殷后)、管叔、蔡叔的叛变以后,迁殷顽民聚居于洛而筑的新城。殷人的田制原来就是助法,周人灭殷以后,在殷人聚居地区(如六遂之类)仍然施行殷的旧制,而在周人聚居的地区(如六乡)则仍施行其自公刘以来就实行着的"彻田为粮"的彻法。很显然,乡遂异制正是周人处理被征服部族的办法。但六遂既是殷顽,仍然用五家起数,可能是井田。郑玄说是对的。而井田只行于甸、稍、县、都,这是普通一般殷人。六遂是殷顽,所以六遂被称为野,六遂人被称为野人,而且不给予(不敢也不能给予)服兵役和受教育的权利(教育详下)。周是乡与都、鄙不同,遂就和乡和都、鄙各有同有不同。周又以殷遗民分封诸侯,故诸侯也是三郊三遂,情况略同于王畿,所以在春秋时战国初,一部分国家都存在着国鄙、国野的区别。于此,我们知道《孟子》《周官》所说的历史上的井田制度,绝不是什么"王天下""致太平"的理想制度,而是征服者压制被征服部族的极不平等的种族歧视政策的反映而已。今学家所说井田制度则与此不同:《春秋繁露·爵国篇》说:"大国十六万口而立国(?)军三,何以言之? 曰:以井田准数之。方里而一井,一井而九百亩……方里八家,一家百亩……率百亩而三口(指丁壮),方里而二十四口。……方百里为方里者万,得二十四万口,法三分而除其一,城池郭邑室间……率得十六万口,三分之,则各五万三千三百三十三口,为大国军三,此公侯也。"何休注《公羊》说:"八家而九顷,共为一井,十井共出兵车一乘。一里八十户,八家共一巷,中里为校室。"包咸注《论语》说:"千乘之国者,百里之国也。古者井田,方里为井,井十为乘,百里之国,适千乘也。"在这样的井田制度下,已是通国皆井,通国皆兵。在理想的教育制度中,又是通国立校(详下)。很显然,这已经没有乡、遂、都、鄙之别,也不是助彻并行了。今学家所谓的井田是一种经济平等思想的反映,和周的种族歧视及秦的豪强兼并是迥然不同的。

(二)辟雍

辟雍就是学校。周代人民在受教育的权利上是不平等的,这不仅是由于财富能力的差别,而是在制度上就存在一种不平等的规定。我们且就《周官》来考察:

> 《地官·师氏》:"掌以媺诏王,以三德教国子。……居虎门之左,司王朝,掌国中(得)失之事,以教国子弟,凡国之贵游子弟学焉。"
>
> 《地官·保氏》:"掌谏王恶,而养国子以道,乃教之六艺,……乃教之六仪。"
>
> 《春官·大司乐》:"掌成均之法,以治建国之学政,而合国之子弟焉。凡有道者,有德者,使教焉。……以乐德……乐语……乐舞教国子。"

师氏、保氏、成均所教的对象都是国子。师氏"国之贵游子弟"正是"国子"一辞的良好注脚。师、保、成均都是所谓国学。周代国学只不过是专为贵族子弟而设立的学校而已。至于一般平民老百姓是不是也能受到教育呢?我们且再在《周官》里来找。先看六乡:

> 《地官·大司徒》:"今五家为比,使之相保;五比为闾,使之相受;四闾为族,使之相葬;五族为党,使

之相救；五党为州，使之相赒；五州为乡，使之相宾。……以乡三物教万民而宾兴之：一曰六德：知、仁、圣、义、忠、和；二曰六行：孝、友、睦、姻、任、恤；三曰六艺：礼、乐、射、御、书、数。"

乡大夫之职："正月之吉，受教法于司徒，退而颁之于其乡吏，使各以教其所治，以考其德行，察其道艺……而兴贤者能者。……乡老及乡大夫群吏献贤能之书于王；……退而以乡射之礼五物询众庶……此谓使民兴贤，出使长之，使民兴能，入使治之。"

州长之职："正月之吉，各属其州之民而读法，以考其德行道艺而劝之。……春秋以礼会民而射于州序。"

党正之职："以礼属民而饮酒于序……正岁属民读法而书其德行道艺，以岁时莅校比。"

序，一般释为乡校，州是六乡内的一千五百户的基层组织，党是六乡内五百户的基层组织。州、党都有序，说明六乡的教育还是比较普及的。而且又还有宾兴贤能的规定，其优秀者可以选层向王朝推荐，由王朝任用。但是，对乡里优秀者却没有送入国学深造的规定。结合前面所说国子入国学而后再由王朝任用的规定来看，很显然地指示出贵族、平民从受教育到作官吏完全是两个系统①。贵庶之间的界限是极明显的。刘敞说:"古者乡学教庶人,国学教国子。乡学所升不过用为乡遂之吏,国学所升,则命为朝廷之官,此乡学、国学教选之异,所以为世家编户之别。"所给予的教育既贵庶不同,所委任的官职当然也就不能不有贵庶的不同,应当说刘敞这个理解是合理的。

六乡人民虽不能进入贵族学校,但毕竟还有"序"和"考校宾兴"等制度,还有受教育和作官吏的机会。而六遂则迥然不同了,在《周官》有关六遂的文字中找不到学校的痕迹,在六遂系统的官职中找不到掌教化的条文。六遂系统的官职中②,几乎每一官职都有"掌其政令刑禁"、"以起役政"、"教之稼穑"、"趋其稼事"、"听其治讼"等条文或类似的条文,这可看出六遂官吏的最主要的任务就是指挥劳动,监督劳动。六遂的人民在这样的官吏统治下,他们最主要的(或唯一的)生活内容就是劳动,不

---

① 秦蕙田《五礼通考》说:"古者取士于乡有二法:一则由乡而升司徒,而升大学,学成然后用之,《王制》所谓选士是也;一则三年大比,兴其贤能,直达于王,不复令入国学,《周礼》所谓宾兴是也。"他看出《王制》《周礼》不同是正确的,但把《王制》《周礼》并列,认为是取士二途就不对了。他看出《周礼》六乡之士不入太学是正确的,但没有看出这是贵庶殊途。

② 系就《地官》遂人、遂师、遂大夫、县正、鄙师、酂长、邻长等来考察。

停地进行各种各样的劳动；除劳动以外就是受刑，再没有别的了。我们在论井田段中曾指出六遂是被征服部族的居住区，在种族歧视严重的古代社会里，被征服部族的命运只会是悲惨的，哪里还谈得上受教育呢？至于六遂以下的县，都不能受教育，就更不用说了。

很显然，《周官》中所指出的教育制度是一种极不平等的制度。我们再看看《礼记·王制》，它说：

> 命乡论秀士，升之司徒，曰选士。司徒论选士之秀者，而升之学，曰俊士。升于司徒者不征于乡，升于学者不征于司徒，曰造士。乐正崇四术、立四教，顺先王《诗》《书》《礼》《乐》以造士。春秋教以《礼》《乐》，冬夏教以《诗》《书》。王大子、王子、群后之大子，卿大夫元士之适子，国之俊选皆造焉。……大乐正论造士之秀者以告于王而升诸司马，曰进士。司马辩论官材，论进士之贤者以告于王而定其论，论定然后官之，任官然后爵之，位定然后禄之。

在这个制度中，乡的秀士、选士可以迭升而至国学，和贵族子弟受同样的教育，授官命爵是在国学中选拔，庶民子弟也就和贵族子弟有了同等的机会。这和《周官》中的贵庶殊途是大不同了。再看《尚书大传》说：

> 大夫士七十而致仕,而退老归其乡里,大夫为父师,士为少师,耰锄已藏,新谷既入,岁事已毕,余子皆入学。
>
> 小师取小学之贤者,登之大学,大师取大学之贤者,登之天子,天子以为左右。

《白虎通义》说:

> 古之教民者,里皆有师,里中之老有道德者为里右师,次为左师,教里中之子弟以道艺孝悌仁义。

在这些制度中,学校已是普遍设立在乡里,人民已能普遍地受到教育,这和《周官》中的乡遂异制又大不同了。

从前面所谈,我们知道周代的种族歧视是很严重的,贵族、国人、野人之间界限和差异肯定是存在的。《王制》《大传》等所讲的那种贵庶平等、全国平等的教育制度绝不可能是周代的史实,这也只不过是今学家的理想而已。何休继承了这些思想,把这一制度描述得更为全面。《公羊传》宣公十五年《解诂》说:

> 圣人制井田之法……一夫一妇受田百亩……八家而九顷,共为一井……一里八十户,八家共一巷,中里为校室,选其耆老有高德者,名曰父老……十月

事讫，父老教于校室。八岁者学小学，十五者学大学。其有秀者移于乡学，乡学之秀者移于庠，庠之秀者移于国学。诸侯岁贡小学之秀者于天子，学于大学，其有秀者，命曰进士。行同而能偶，别之以射，然后爵之。士以才能进取，君以考功授官。

他结合着井田制度来说明普遍设立学校，乡秀升入国学等情况，把问题说得更为明确具体。同时他还补充出不仅天子直辖领地是如此，而诸侯领地也是如此（诸侯有小学），而且诸侯领地内的优秀者也可以保送到天子的大学里去，这就使这一制度更加理想了。

(三) 封禅

我们在前面论述过今学家主张革命论。但是，应当指出他们所说的"革命"的含义，并不同于现代语辞的"革命"的含义，只是认为天子所受的天命是可以革去的罢了。它的作用是否定了天子所受天命是绝对的不可动摇的传统观念。虽然今学家都承认汤、武征伐是革命，但在今学中还找不出像干宝那样明确提出"君德穷，至于攻战受诛也"的武装革命的思想，他们所理想的革命方法只不过是以"素王"为目的的"禅让"。禅让就是由皇帝求索天下德若舜、禹的贤人，把帝位禅给他，让他接受天命。很显然，这充分暴露了今学家的知识分子的软弱性，他们不满于现实政治,希望来一次革命,但他们又在暴力革命面前颤抖了,而希望用和平的方式达到革命的目的,于是便大力提倡禅让。无疑地,这只能是一种幻想。要想要求坐在金銮宝殿上的统治者退位让贤,这无异乎是与虎谋皮,是绝不可能实现的。但是,在当时竟然有不惜生命危险而敢于"捋虎须""撄龙鳞"的殉道者。

《汉书·眭弘传》载:

> 孝昭元凤三年,孟意汉家尧后,有传国之运,汉帝宜差天下求索贤人,禅以帝位,而退自封百里,如殷周二王后,以承顺天命。孟使友人内官上此书……廷尉奏孟妄设妖言惑众,大逆不道,皆伏诛。

《汉书·盖宽饶传》载:

> 宽饶奏封事引韩氏《易传》言:五帝官天下,三王家天下,家以传子,官以传贤,若四时之运,功成者去,不得其人,则不居其位。书奏……时执金吾议以为宽饶指意求禅,大逆不道。……下宽饶吏,宽饶引佩刀自刭北阙下。

禅让说虽是今学家软弱性的表现,但以处在绝对王权的专制统治时代的历史条件来看,敢于要求皇帝退位,仍不失是一种有进步意义的理论。因而眭、盖二人并不是两个以生命为儿戏的书呆子,而是富有牺牲精神的前仆后继的殉道者。但是,这两件事的接踵发生也不是偶然的。

《礼记·礼运》有"大同""小康"之说。所说大同是:"大道之行也,天下为公,选贤与能。"所说小康是:"大道既隐,天下为家,大人世及以为礼,禹、汤、文、武、周公、成王由此其选也。"选贤就是选择贤人而传以帝位,正是禅让。儒家常说尧、舜、禹、汤、文、武,这里说小康只列举禹、汤、文、武而没有举尧、舜,也正是以尧、舜禅让相当于大同。以《礼运》中的"道行""道隐"的文句来看,很显然是主张禅让的。《韩诗外传》说:"五帝官天下,三王家天下,家以传子,官以传贤,故自唐虞以上经传无太子称号,夏殷之王虽则传嗣,其文略矣,至周始见文王世子之制。""所以为世子者何?言世世不绝。"官天下传贤,就是"天下为公,选贤与能"。家天下传子,就是"天下为家,大人世及"。又和《韩氏易传》文旨全同,也是主张禅让的。《公羊传》解"春王正月"的"王"是文王,"王"当是周天王,而《传》以为是文王,正是因为文王是说小康者所附会的中心人物。《公羊》又借"西狩获麟"提出"尧、舜之道",而尧、舜则是大同,始于文王而终于尧、舜,正是主张由小康进入大同,变世及为禅让的理论(康有为《春秋》三世、小康、大同之说即据此)。眭孟为《公羊》大师,他向汉帝提出"宜求索贤人,禅以帝位"的建议,正是依据于此。《说苑》载鲍白令之说:"天下官,则让贤是也;天下家,则世继是也。五帝以天下为官,三王以天下为家。"鲍白是鲍丘之误,就是《盐铁论》中的包丘子,传《诗》于申公(《鲁诗》之祖)的浮丘伯。刘向传《鲁诗》,他说:"王者必通三统,以天命所授者博,非独一姓也。孔子论《诗》,至于'殷士肤敏,裸将于京',喟然叹曰:'大哉天命,善不可以不传于子孙,是以富贵无常,不如是,则王公其何以戒慎,民萌何以劝勉。'"他这一思想,就是从鲍丘子那里继承下来的。《韩易》《鲁诗》《韩诗》《公羊》《礼运》都讲禅让,禅让说是今学家普遍的学说,当是无可否认的。禅让说体现在礼制上就是封禅。董仲舒说:"天之无常予无常夺也,故封泰山之上,禅梁父之下,易姓而王,德如尧、舜者七十二人,王者天之所予也,其所伐者天之所夺也。"他用德如尧、舜来解说封禅,正是说明封禅是禅让的礼制。《白虎通》说:"王者易姓而起,必升封泰山何?报告之义也。始受命之时,改制应天,天下太平,功成封禅。"《礼器疏》引《白虎通》:"绎绎,无穷之意,禅于有德而居之无穷也。"又说:"《白虎通》云禅以让有德。"(今本与此不同,当从此。)从《白虎通》来看,很明显地表示出封是受命之礼,是开始;禅是成功之礼,以传贤人,是结束。《风俗通》说:"三皇禅于绎绎,明已成功而去,有德者居之。绎绎者,无所指斥也。五帝禅于亭亭,亭亭山名,其身禅于圣人。三王禅于梁父者,信父者子,言父子相信与也。"这都把封禅是禅让的礼制的意义表示得很清楚。今学家莫不用禅让解封禅,禅让学说起于战国,当然不能说三古制度已是如此。

(四)巡狩

今学家既主张禅让,选天下之贤人而禅以帝位,因而对诸侯的建立也主张选贤。《礼记·射义》说:"古之射以选卿、大夫、士。……天子之制,诸侯岁贡士于天子,天子试之于射宫,其容体比于礼,其节比于乐,中多者得与于祭。其容体不比于礼,其节不比于乐,而中少者,不得与于祭。数与于祭而君有庆,数不与于祭而君有让,数有庆而益地,数有让而削地。故曰:射者,射为诸侯也。""故天子之大射,谓之射侯也,射中则得为诸侯,射不中则不得为诸侯。"它把大射解释为天子用来考察诸侯所贡的"士"的道德和技能的制度。合于标准者就可封之为诸侯,贡贤之君也有赏赐①。但考之周代史实,则完全不是这样。《荀子》书说:周公"兼制天下,立七十一国,姬姓独居五十三人焉。"《左传》僖公二十四年载富辰说:"昔周公弔二叔之不咸,故封建亲戚以藩屏周:管、蔡、郕、霍、鲁、卫、毛、聃、郜、雍、曹、滕、毕、原、酆、郇,文之昭也;邘、晋、应、韩,武之穆也;凡、蒋、邢、茅、胙、祭,周公之胤也。"昭公二十

---

① 本段用蒙季甫《儒家政治思想之变迁》一文所说。

六年载王子朝说:"昔武王克殷,成王靖四方,康王息民,并建母弟以藩屏周。"昭公二十八年载成鱄说:"昔武王克商,光有天下,其兄弟之国者十有五人,姬姓之国者四十人,皆举亲也。"这都说明周初所立诸侯不是宗室就是姻亲,根本就没有选贤的事,选贤只不过是理想而已。今学家不仅主张选贤以为诸侯,同时还有对诸侯的处分和奖励的制度——黜陟。黜陟则体现于巡狩述职制度中。

《孟子》书载:"昔者齐景公问于晏子曰:'吾欲观于转附朝儛,遵海而南,放于琅邪,吾何修而可以比于先王观也?'晏子对曰:'善哉问也!天子适诸侯曰巡狩,巡狩者,巡所守也。诸侯朝于天子曰述职,述职者,述所职也。春省耕而补不足,秋省敛而助不给。夏谚曰:"吾王不游,吾何以休,吾王不豫,吾何以助?"一游一豫,为诸侯度。'"这是把巡狩、述职说成类似检查工作兼游乐的制度,根本没有黜陟诸侯的意义。这应当是巡狩、述职的原始意义。《礼记·王制》说:

> 岁二月,东巡守,至于岱宗,柴而望祀山川,觐诸侯,问百年者就见之,命太师陈诗以观民风,命市纳贾以观民之所好恶,志淫好辟,命典礼考时月定日,同律礼乐制度衣服正之。山川神祇有不举者为不敬,不敬者君削以地。宗庙不顺者为不孝,不孝者君黜以爵。变礼易乐者为不从,不从者君流,革制度衣

服为畔,畔者君讨。有功德于民者加地进律。五月,南巡守至南岳,如东巡守之礼。八月,西巡守至于西岳,如南巡守之礼。十有一月,北巡守至于北岳,如西巡守之礼。

很显然,《王制》是把巡狩的主要作用认为是黜陟诸侯了。《尚书大传》中也有类此的说法。《白虎通义·巡狩》说:

三岁一闰,天道小备,五岁再闰,天道大备。故五岁一巡狩。三年小备,二伯出述职黜陟。一年物有终始,岁有所成,方伯行国。时有所生,诸侯行邑。传曰:"周公入为三公,出为二伯,中分天下,出黜陟。"《诗》曰:"周公东征,四国是皇。"言东征述职,周公黜陟而天下皆正也。又曰:"蔽芾甘棠,勿翦勿伐,召伯所茇。"言召公述职亲说舍于野树之下也。

很显然,这又把述职作为黜陟诸侯的制度了。不仅述职黜陟诸侯的意义是前引《孟子》书所没有的,而且《白虎通》把三公以二伯身份出巡作为述职的讲法也和《孟子》谓"诸侯朝于天子曰述职",在制度形式上都迥不相同了。虽然《白虎通》的撰写时间较晚,但《汉书》注曾引《韩诗》说《甘棠》为召公述职,《说苑》引《传》也说《甘棠》是召公述职之诗。《说苑》作者刘向传《鲁诗》，所引《传》当为《鲁诗》传。《尚书大传》也曾说："三年一使三公黜陟，五年亲自巡狩。"《白虎通》应当就是根据汉初这些思想编写的①。《尚传大传》又还有以贡士为黜陟的办法②，以朝诸

---

① 《尚书大传》虽说"三年一使三公黜陟"，但又说"诸侯之于天子，五年一朝，朝见其身，述其职。述其职者，述其所职也。"还是不以述职为黜陟，述职的解释也还同于《孟子》。《史记·燕世家》："召公之治西方，甚得兆民和。召公巡行乡邑，有棠树，决狱政事其下。民人思召公之政，怀棠树不敢伐，歌咏之，作《甘棠》之诗。"也还没有用述职来解释《甘棠》。《说苑·贵德》言："《诗》曰：'蔽芾甘棠，勿翦勿伐，召伯所茇。'传曰：'自陕以东者周公主之，自陕以西者召公主之，召公述职当桑蚕之时，不欲变民事，故不入邑中，舍于甘棠之下而听断焉。陕间之人皆得其所，是故后世思而歌咏之。'"《汉书》载王吉上书："昔召公述职，当民事时，而听断焉，时人皆得其所，后世思其仁恩，至乎不伐，《甘棠》之诗是也。"注："《韩诗》说昔召公述职云云。"可见《韩诗》《鲁诗》都已用述职来理解《甘棠》了。刘向《五经通义》说："王者已有州伯，所以复设二伯何？欲使黜陟也。三岁一闰，天道小备，故二伯黜陟也。何以为二伯乎？曰：以三公在外称伯，东西分为二，所以称伯，欲抑之。三公，臣之最尊者也，又以王命而行天下，为其盛故抑之，明有所屈也。"从这里可以看出，今学家先有三公黜陟的理论，然后改述职的意义，使其合于三公黜陟，再用《诗》以比附说明，《白虎通》所说是这一理想已编构妥当之后。

② 《尚书大传》："古者诸侯之于天子也，三年一贡士，天子命与诸侯辅助为政，所以通贤共治，示不独尊，重民之至。大国举三人，次国举二人，小国举一人。一适谓之攸好德，再适谓之贤贤，三适谓之有功。有功者，天子赐以车服弓矢，再赐以秬鬯，三赐以虎贲百人，号曰命诸侯，得专征。……有不贡士谓之不率正者，天子黜之。……一黜少黜以爵，再黜少黜以地，三黜而爵地毕。"

孔子和今文学

侯行黜陟的办法①。《白虎通》又还有以功德黜陟迁位的办法②。但无论哪一种黜陟的办法，都找不出任何史实为证，都只是今学家的理想而已。在尚贤思想的支配下，既主张选贤能立以为诸侯，如果没有对诸侯加以黜陟的权力和办法，又将如何能保证诸侯不违法虐民？两者完全是相依而起，使理想更趋完密。

自春秋战国以后，周的封建制度（不是五种生产方式的封建制度）已经崩溃，郡县制度已经建立，而今学家还提出封建制度作为理想，岂不是开倒车吗？对这问题，我们考虑应当这样来理解：第一是"秦不封建孤立而速亡"，是汉初极普遍的见解，贾谊在《过秦论》中也曾说："乡使二世有庸主之行而任忠贤，裂地分民以封功臣之后，建国立君，以礼天下……天下集矣。"今学家当然也没有能够脱离当时的影响。第二，今学制度多托古，而古无郡县之制。且虽行封建而对诸侯有选贤和黜陟等制度，则使诸

---

① 《尚传大传》："天子执冒以朝诸侯，见则复之。故冒圭者，天子所与诸侯为瑞也。……无过行者得复其圭，以归其国，有过行者留其圭，能改过者复其圭。三年圭不复，少黜以爵，六年圭不复，少黜以地，九年圭不复而地毕。"

② 《白虎通·考黜篇》言："小国考之，有功增土进爵。""五十里不过五赐而进爵土，七十里不过七赐而进爵土。"又说："盛德之士亦封之，所以尊有德也。以德封者必试之为附庸，三年有功因而封之五十里。元士有功者亦为附庸，大夫有功成封五十里，卿功成封七十里，公功成封百里。士有功德迁为大夫，大夫有功德迁为卿，卿有功德迁为公，故爵主有德、封主有功也。"

侯的废立已和郡县守令的任免相去无几。所以今学家虽主张封建,但其所提出的封建已不同于周代的封建了。

(五)明堂

东汉学者贾逵、服虔、颍容都说明堂就是大学(天子国学),蔡邕《明堂月令论》对明堂制度阐释很详,也说明堂就是大学。东汉以来,学者在讨论明堂时常常总是纠缠在"五室""九室"——五间房子或九间房子——的争论上,而没有注意到明堂大学这一制度所体现的政治意义,从赵绾、王臧和河间献王的事看来,明堂制度是具有重大的政治意义的。

《汉书·儒林传》载:武帝初即位,王臧为郎中令,赵绾为御史大夫,"请立明堂……太皇窦太后……得绾、臧之过,以让上曰:'此欲复为新垣平也。'上因废明堂事,下绾、臧吏,皆自杀"。

《史记·五宗世家》集解引《汉名臣奏》杜业奏曰:"河间献王经术通明,积德累行,天下雄俊众儒皆归之。孝武帝时,献王朝,被服造次必于仁义,问以五策,献王辄对无穷,孝武帝艴然难之,谓献王曰:'汤以七十里,文王以百里,王其勉之。'王知其意,归即纵酒听乐因以终。"

这里只说了献王以"问以五策,辄对无穷"而遭到武帝的忌妒,但没有说明对答的内容是什么,《汉书·河间献王传》载:"武帝时,献王来朝,献雅乐,对三雍宫。"对三雍宫当就是献王对答武帝的内容,就是指的明堂制度。①这就使我们明确地知道,赵绾、王臧以请立明堂而被杀,河间献王也是畅谈明堂制度遭到忌妒而抑郁以死。这不是正显示出明堂制度含有与统治者不能相容的重大政治意义吗?

《左传》襄公三十年载:"郑人游于乡校以论执政。然明谓子产曰:'毁乡校,如何?'"然明提出撤销乡校的原因,是因为郑人群相聚会在乡校议论国政得失。从一般常识来看,乡校是学生读书的地方,而不是国人群相聚会的地方,如要阻止国人议政,只须下令禁止就行了,提出毁乡校岂不是小题大做!但我们且看看《周官》就可明白,前面曾引用过《地官》:"师氏掌国得失之事以教国子弟。保氏掌谏王恶,而教国子以道。"学校本来就有"掌国得失""谏王恶"的责任,当然它就要议论政治了。然明要求毁乡校就是想从根本上取消这一制度。《管子》书说:"黄帝立明台之议者,上观于贤也;尧有衢室之问者,下听于人也;……汤有总街之庭者,以观人诽也。"明台、衢室、

---

① 《汉书·景十三王传》"对三雍宫"注引应劭曰:"辟雍、明堂、灵台也。"《补注》引《通鉴》胡注曰:"谓对三雍宫之制度,非召对于三雍宫也。"《艺文志》儒家有《河间献王对上下三雍宫》三篇。沈钦韩曰:"《后汉书·张纯传》:'纯案河间古辟雍记。'"案汉多以明堂、辟雍、灵台为一,谓之三雍。

总街都是明堂。①《管子》作者特别强调了"观贤""听人""观诽",正是根据大学有议政的职责为出发点的。今学家强调明堂制度,其意义就正是强调"明堂议政"这一点。在论述"辟雍"段中,我们曾说过周代的太学和今学家理想的太学不同。周的太学是一撮贵族子弟的学校,所谓太学议政,只不过是贵族子弟的课程实习而已。而今学家理想的大学则不然,它已经不完全是贵族的子弟学校了,渗入了从王朝领地和诸侯领地所保送来的大量的秀选之士。这批人是从农村、从乡校选拔出来的优秀分子,富有广泛的代表性。这样的太学议政便不再是贵族子弟的课程实习,而是具有全国性的对政治的"献可替否"(意为献善止不善)。今学家所称道禅让的天子既曰虞舜,虞是国号,舜就是诸侯,但儒者却要说舜是"耕历山,渔雷泽,陶河滨,作什器于寿丘",是从事工农业的生产者。自天子以至太学生,都是来自畎亩之中,同在明堂议政,这种理想就高了。根据典籍的记载,天子朝诸侯是在明堂,天子颁布政令是在明堂,天子养老尊贤是在明堂,天子祭祀天帝是在明堂,天子祭祀祖先也是在明堂,而断狱、献俘也是在明堂,几乎把王朝的国家人事都集中在明堂了。而今学家偏偏要想在这样的场合来议论政治,而又适遇

---

① 惠栋《明堂大道录》:"明台、衢室、总街,皆明堂也。立谏鼓亦于明堂,灵台,明堂之灵台也。"

雄才大略的专制君王——汉武帝时代,赵绾、王臧怎么会不召致杀身之祸,河间献王又怎么会不召致忌妒呢?

明堂议政这一思想,一方面源于太学议政,另一方面也源于《周官》的外朝"致万民而询焉"的旧制度。

在古代氏族社会时代,凡氏族中比较重大的事件都须交付氏族全体会议讨论。《诗经》所说"询于刍荛",《尚书》所说"谋及庶人",可能就说的是这一制度的遗迹。《尚书》记殷代盘庚迁殷就曾"命众悉至于庭"而反复告诫。《孟子》记周先人太王去邠也是"属其耆老"而说明道理。在《周官》中还明确规定为一个制度:

《秋官·小司寇》:"掌外朝之政,以致万民而询焉:一曰询国危,二曰询国迁,三曰询立君。其位:王南乡,三公及州长百姓北面,群臣西面,群吏东面。小司寇摈以叙进而问焉。"

《地官·大司徒》:"若国有大故,则致万民于王门。"

《地官·乡大夫》:"大询于众庶,则各帅其乡之众寡而致于朝。"

《秋官·朝士》:"掌建邦外朝之法,左九棘,孤、卿、大夫位焉,群士在其后。右九棘,公、侯、伯、子、男位焉,群吏在其后。面三槐,三公位焉,州长众庶在其后。左嘉石,平罢民焉。右肺石,达穷民焉。帅其属而以鞭呼趋,且辟,禁慢朝错立族谈者。"

外朝是对内朝而言,内朝以朝群臣,处理经常政务,而外朝则以朝万民,处理国家重大事件,如国危、国迁、立君之类。在朝见时,三公、孤、卿、大夫、公、侯、伯、子、男、群士、群吏、州长、众庶、罢民、穷民等都各有一定的部位,朝士则专门负责维持朝时秩序,禁止不严肃、乱部位、交谈等现象。如要发言,由小司寇安排秩序,是万民齐集极其庄严的[①]。但是,这里所说的"万民"(即众庶),应当予以界说:这里的众庶是只有乡大夫和州长帅领的六乡之民,而六遂以下之民是不包括在内的。只有在乡大夫的职责内才有"帅其乡之众寡而致于朝"的规定,在外朝时就由乡大夫的下级——州长帅领众庶站在三公后面。在遂大夫、遂师等六遂官吏的职责内,就没有"帅其众致于朝"的规定,而在外朝中也没有他们站的部位。这种现象很容易理解,前面说过六遂以下所居是被征服部族,没有

---

① 丘浚《大学衍义补》说:"外朝在库门之外,最居外者也,人君不常御。国家大典礼则于此朝会,而朝士掌其法;有大疑难则于此询问,而小司寇掌其政。……朝著之间,有上下之位,有前后之次,入者必循序渐进,而不可参差,立者必肃容守次,而不可错乱,非奏对不言,无故不可聚而喧哗。故当人臣朝见之时,小司寇则摈而相之,使之次第而进;朝士则帅其属而用鞭呼号以肃之,使之各趋其位而知所避焉。"是丘浚已知《周官》外朝之事,但惜其不知为朝万民之制。

服兵役、受教育的权利,当然更不会给予他们以讨论国家大事的权利。周代之"致万民而询焉"的制度乃是一种种族歧视的政治权利不平等的制度。《小司寇》又载:"以三刺断庶民狱讼之中,一曰讯群臣,二曰讯群吏,三曰讯万民。听民之所刺宥,以施上服下服之刑。"郑注:"民言杀,杀之;言宽,宽之。"是周代"讯万民"的制度除了国危、国迁、立君等事以外,还施行在重大刑事狱讼上。《周官》所规定的这种不平等制度,到春秋时代都还留存在部分国家中。我们且看《左传》的记载:

> 僖公十五年载:"秦、晋战于韩原,秦获晋侯以归。……晋侯使郤乞告吕饴甥,且召之。子金教之言曰:'朝国人而以君命赏,且告之曰:孤虽归,辱社稷矣,其卜贰圉也。'众皆哭,晋于是乎作爰田。吕甥曰:'君亡之不恤,而群臣是忧,惠之至也,将若君何?……'对曰:'征缮以辅孺子。诸侯闻之,丧君有君,群臣辑睦,甲兵益多,好我者劝,恶我者惧,庶有益乎!'众说。晋于是乎作州兵。"

> 定公八年载:"卫侯欲叛晋,公朝国人,使(王孙)贾问焉,曰:'若卫叛晋,晋五伐我,病何如矣。'皆曰:'五伐我,犹可以战。'贾曰:'然则如叛之,病而后质焉,何迟之有?'乃叛晋。"

> 哀公元年载:"吴人之入楚也,使召陈怀公。怀

公朝国人而问焉,曰:'欲与楚者右,欲与晋者左,陈人从田,无田从党。'"

这些不正是《周官》所说的询国危、询国迁、询立君的具体事例么!而陈怀公反把国家的外交政策取决于这样的会议,更说明这种会议权力的广泛。在陈怀公的例子里,使我们知道,参加会议的成员中,不仅是有田产者可以参加,无田者也都可以参加,《周官》所说"罢民""穷民"大概就是这里所说的无田者。但是,这里所朝见和询问的对象仍然只限于"国人",而野人是不得参加的,证明这正是周代的旧制。

外朝制度的不平等的根源是在于周王朝的种族歧视政策,假如撇开这一制度的种族差别来看,也还不失为一个较好的制度。但是,在种族差别消除以后,同一集体的成员数量必然大增,这又造成实行这一制度的事实上的困难,特别是在秦汉大一统的局面下更属不可能。于是今学家根据这一制度的精神,扩大了太学议政的范围,而集中了来自全国各地乡学的没有种族差异的各成员来议政,以继承这一原始民主制度的传统。用外朝三询制度的史实来理解明堂议政,就使我们更进一步地认识到明堂制度意义的重大和规模的宏阔。像这样意义重大和规模宏阔的制度,岂是五间房子、九间房子所能胜任的?所以《尚书大传》又提出了"东堂青阳距邦八里,南堂明堂距邦七里,西堂总章距邦九里,北堂玄堂距邦六里"的四郊明堂。这四郊明堂也就正是《王制》"大学在郊"的东学、南学、西学、北学四郊大学①。《尚书》逸篇又有四郊的社,《周官》马融注解四郊社就在四郊明堂处②。而是被称为"起大事,动大众,必先有事于社而后出"的祭坛③,这就更加重了明堂议政的意义。至于《考工记》所载明堂,乃古明堂,其主要作用是朝诸侯,正是孟子、荀子所说的明堂④。东汉以下的学者摆下规模宏大的四郊明堂和其具备的重大的政治意义不讲,反因《考工记》和《大戴礼》而纠缠在五间房子、九间房子的争论上,岂不是钻牛角尖吗?

---

① 《大戴礼·保傅篇》引《学礼》曰:"帝入东学上亲而贵仁,则亲疏有序恩相及矣,帝入南学,上齿而贵信,则长幼有差,始民不诬矣。帝入西学,上贤而贵德,则圣知在位,功不匮矣。帝入北学,上贵而尊爵,则贵贱有等而始下不逾矣。"东学、南学、西学、北学就是《王制》"大学在郊"的四郊大学。

② 《白虎通》引《尚书》逸篇曰:"大社唯松,东社唯柏,南社唯梓,西社唯栗,北社唯槐。"《续汉书·祭祀志》引马融《周礼注》曰:"社稷在右,宗庙在左。或曰王者五社:大社在中门外,唯松,东社八里唯柏,西社九里唯栗,南社七里唯梓,北社六里唯槐。"以距邦来看,四郊社正是在四郊明堂处。

③ 见《尔雅·释天》。

④ 《孟子·梁惠王下》:齐宣王问曰:"人皆谓我毁明堂。"赵注:"谓泰山下明堂,本周天子东巡狩朝诸侯之处也。"《荀子·强国篇》言:"虽为之筑明堂于塞外而朝诸侯,殆可矣。"都是以明堂为朝诸侯之所。

《史记》载：武帝时，"赵绾、王臧等以文学为公卿，欲议古立明堂城南以朝诸侯，草巡狩、封禅、改历服色事，未就。……绾、臧自杀"。《汉书》载哀帝时刘歆《移让太常博士书》说："往者缀学之士，不思废绝之阙，苟因陋就寡，分文析字，烦言碎辞。……至于国家将有大事，若立辟雍、封禅、巡狩之仪，则幽冥而莫知其原。"可见明堂、辟雍、封禅、巡狩等制度，一直是西汉儒家思想中的主要制度，是儒生讲论的主要内容。但在武帝时都还能向王朝提出，而到哀帝时便"幽冥而莫知其原"了，这岂不是一个重大的变化吗？这一变化的原因究竟是什么？我们且看看汉时所说孔子传《春秋》的事。《汉书·艺文志》说："《春秋》所贬损大人当世君臣，有威权势力，是以隐其书不宣，所以免时难也。"又说："所褒贬不可以书见，口授弟子。……及末世口说流行，故有公羊、穀梁、邹、夹四家之传。"《春秋》的"微言大义"不敢著于文字者，正以迫于当时君王"威权势力"。明堂等制度之所以"幽冥而莫知其原"，也犹如"《春秋》大义"，同样是迫于君主专制的淫威，赵绾、王臧就是前车之鉴，谁又能不望而却步呢？我们再说各项理想制度和汉王朝的现行制度对比起来看，就更明显：井田制度和当时的豪强兼并相矛盾，辟雍选贤和当时的任子为郎相矛盾，封禅禅让和当时家天下传子相矛盾，大射选诸侯和当时以恩泽封侯相矛盾，明堂议政和当时专制独裁相矛盾。像这种处处与时代相矛盾的制度，正是一种反抗现实的意识形态的反映。而当时儒者又不敢鲜明地提出来作为反抗纲领，只好托之于古圣先贤以避难免祸。这样做，虽可使理想的制度不致遭到扼杀，但却无法避免要和真实的历史陈迹在某些部分发生矛盾了。西汉末年和东汉时期长时间在经学上所存在的今古学之争，便是这一矛盾的总爆发。今学是传自先秦儒家，其学术各有师授，古学是创自西京末叶，其方法是笃守旧典，故今学所讲是理想的制度，古学所讲是历史的陈迹，两者是绝然不同的，然而却又都在六经的旗帜下讲论学术，当然就要形成誓不并存、互相攻击的局面了。古学家抓住旧史来批驳今学家，认为今学家是"信口说而背传记"，"怪旧艺而善野言"。① 但是，谁知道就是在这些"口说"和"野言"之中正含有不敢书见的大义微言呢？六经都是所谓"旧法世传之史"，而六经之脱离旧法世传之史而上升为"圣经贤传"，成为一个有思想内容的学术体系的经学，则正是由于儒者们依附于六经而灌注了自己的思想，依附于六经寄托了一套自己的理想制度。井研廖先生说："今文是经学，古文是史学。"正是指此。但自西汉中世以后，今学家已不能充分掌握其继承的学术思想，已不能阐说其所继承的理想制度的精神实质，而今学家

———————

① 刘歆《移让太常博士书》斥博士"信口说而背传记，是末师而非往古"。许慎《说文解字叙》斥俗儒鄙夫"怪旧艺而善野言。"

又有不敢明确提出其思想实质的先天缺陷,其在治学方法上所暴露的"分文析字,烦言碎辞"的作风,更给予古学家以口实,今学家当然就不能抵挡古学家的攻击了,因而在东汉中世以后今学思想也就由微弱而趋于湮灭了。

综合上面所论,我们认为今学家的理想是一个万民一律平等的思想,井田制度是在经济基础上的平等,群众学校是在受教育和作官吏机会上的平等,封禅是在出任国家元首上的权利的平等,大射巡狩是在封国爵土上的平等,明堂议政是在议论政治上的平等。在这一律平等的基础上,而后再以才德的高下来分判其地位,才德最高的人可以受命而为天子,其次可以为诸侯、卿、大夫、士,其不称职的可以黜免,同时又还有辅助政府的议政机构。从形式上看,应当说这是一个气魄雄伟的规模宏大的有理论根据、有具体办法的比较完善的思想体系。但无论如何他们没有法子摆脱历史对他们的局限:他们无法认识在阶级社会中任何要求一律平等的理想都只能是幻想。同时他们无法认识到周代井田制度的崩溃是历史发展的必然结果。虽然他们理想的井田已不同于周代的井田,但他们无法认识在土地私有制度既已发生发展以后,要实行还田授田的井田制度是绝不可能的了。同时,他们在理想的制度中还主张实行封建制度,甚至某些学者还主张"盛德之士,亦封之为附庸(三十里以下)"。① 这是对不平等的旧制度反抗得不彻底的表现。虽然在理想中消灭因种族、血缘而造成的不平等,但却又建立一套起于才德的世袭诸侯,又造成新的不平等。同时他们无法认识到历史上从来没有出于自愿的退下政治舞台的剥削者,他们想用禅让的方法叫统治者交出政权的学说,除了给后世篡夺政权的野心家提供理论基础以外,没有别的作用。同时,由于阴阳五行的色彩愈后愈浓,以致使人容易迷炫在阴阳五行的气氛中,而不复辨识其思想内容,而掩没了其思想实质。这些虽然是由于历史的局限,但同时也还由于知识分子的软弱性,不敢进行尖锐的斗争。但是,虽然今学家的思想是带有幻想性的、不彻底的、软弱的、迷信气氛浓厚的学术体系,然而却不能因为这些而抹煞了在专制统治时代提出"革命"的进步性,不能因为这些而抹煞了在阶级对抗异常尖锐的时代提出"一律平等"的进步性。

---

① 《白虎通·考黜篇》说:"盛德之士亦封之,所以尊有德也。以德封者,必试之为附庸。"《春秋繁露·爵国篇》:"传曰,氏不若人,人不若名,名不若字,附庸字者方三十里,名者方二十里,人氏者方十五里。"附庸三等之说,前此无所闻,可能正是承盛德试为附庸之说而起。

三

今学家这些思想虽有它的局限性,但在阶级对抗异常尖锐的专制时代能够提出"革命"理论和"一切平等"的制度,这绝不是偶然的,是有其历史根源的。

春秋战国时代在我国历史上是一个剧变期,我们在前面谈到过西周时代乡和遂在田制、兵制、学制上都是有差异的,到春秋时这些差异已在开始变化了。《左传》僖公十五年载:"晋于是乎作爰田","晋于是乎作州兵"。"于是乎作"的"作"字,应当就是创始的意思。作爰田就是废弃井田的阡陌而扩大亩量(另详《中国历代农产量的扩大和赋役制度及学术思想的演变》),作州兵就是取消三郊服兵役的限制,扩大出于三遂(诸侯三郊三遂,《管子》"统州者谓之遂"),是乡遂田制、兵制的差异在晋国已取消了。《公羊传》宣公十五年:"初税亩,履亩而税也。"履亩而税就是废除彻法、助法,一律都按亩征税。是乡遂田制的差别在鲁国也取消了。《学记》说:"党有庠,术有序,国有学。"郑康成读术为遂。《学记》作得较晚,后来遂也设序,乡遂学制的差别也取消了。由于种族歧视政策所造成的乡遂差异,已渐渐地消灭光了。到春秋末,贵族逐渐下降,民间教育兴起,游士发生,入战国而有布衣卿相出现,而贵族、庶民在政治权利和教育权利上的差异也日益缩短。在这些巨大的变化之后,又继之以汉高祖起自布衣而登上天子宝座的重大历史事件。在目睹耳闻这些情况下成长起来的汉儒,当然就不会再在乡遂贵庶之间来筑起高墙了。但是,作为儒家创始人的孔子和被称为亚圣的孟子,他们生长在春秋末和战国初,正是处在大变之中,而他们却都是站在旧贵族的立场上,确乎还存在维护旧贵族的思想。《论语》载:"子曰:'君子笃于亲,则民兴于仁;故旧不遗,则民不偷(薄也)。'"就是说:当君主的能够对自己的亲戚笃厚一些,人民也就会仁爱起来,君主不随意抛弃故旧大臣,人民也就不会薄情了。这正反映出当时的社会已在变化了,旧的和血缘关系的人物已不被君主所重视了,而孔子则主张挽回这种情况,扭转当前的发展。孟子则说得更为露骨,他说:"所谓故国者,非谓有乔木之谓也,有世臣之谓也。王无亲臣矣,昔者所进,今日不知其亡也。"又说:"为政不难,不得罪于巨室。"这都和周公的话:"君不施(弛)其亲,不使大臣怨乎其不以,故旧无大故则不弃也"没有什么不同。所谓"世臣""巨室""故旧",正指的是世袭贵族。他还说:"文王之治岐也,仕者世禄。"他的维护世袭贵族的偏向是很显然的。他们眼看着旧制度正在崩溃,但却要挽回它。孔子主张"君君、臣臣、父父、子子",就是要求大家按旧的方式生活。孟子说"王政必自经界始",而他向滕国建议的也是恢复周代旧田制。儒家说孔孟这种维护旧贵族、旧制度的思想演变而为主张一律平等的思想是一个不简单的过程,而是通过和先秦诸子各学派的斗争,相互影响逐步发展的结果。

先秦诸子说为百家,班固列为九流十家,司马谈分为六家,其主要者实只儒、道、墨、法四家而已①。各家都起自战国时期,在长期并存的岁月里,彼此之间不断斗争、辩难。及至战国晚期,各家在长期斗争的过程中相互影响、相互吸收,都改变了其原来的面貌。法家原来是非毁仁义的,而《管子》中的法家思想却主张仁义了。道家本来是菲薄仁义的,而《吕览》却也主张仁义了。孔子罕言性与天道,而《易传》中则多言性与天道了。这是相互影响的最显著者。《韩非子》书说:"自孔子之死也,儒分为八。""有子张之儒,有子思之儒,有颜氏之儒,有孟氏之儒,有漆雕氏之儒,有仲良氏之儒,有孙氏之儒,有乐正氏之儒。"儒分为八正是孔子后学分别受到别家影响,吸取了别家学说的现象。《孟子》书说:"杨氏为我,墨氏兼爱,子莫执中。"杨是杨朱,墨是墨翟,都是著名学派的领袖,子莫自然也应当是重要学派的代表,近人有考论子莫就

---

① 前撰《法家流变考》曾说:"北方兵、农、纵横之学可统之于法,而东方阴阳、名辩之学亦可统之于墨,而杂家则可归之于道。《汉志》所列九流及兵家实只儒、道、墨、法四家而已。"其说详见该文。

是子张的儿子申详。① 孟子批评子莫"执中无权,犹执一也"。《中庸》说"君子时中",孔子为"圣之时者也"。是子张之儒已与孔、孟不同。《艺文志》儒家有《子思》二十三篇,唐后不传,就各书所引佚文来看,《子思》书不是子思作,颇杂法家言(详下),是子思之儒吸取法家的思想写成的。近人有考庄子为颜氏之儒,《易·系辞》哲理颇与《庄书》接近,而文中又独赞颜氏之子,是《易传》当为颜氏之儒所传,它是受道家影响的学派。《荀子》说:"子思、孟子按往旧造说,造为五行。"赵岐注《孟子》,削去《外篇》,《外篇》中可能杂有阴阳家思想,这说明孟氏之儒之有取于阴阳家。《韩非子》书说:"漆雕之儒,不色挠,不目逃,行曲则违于臧获,行直则怒于诸侯。"是漆雕之儒当为儒而近游侠者,《礼记·儒行》可能是这派的学说②。陶潜《圣贤群辅录》说"仲良传乐",公孙尼子《乐记》可能是仲良所传,《乐记》思想接近道家,仲良之儒当为儒之吸取道家者。荀卿书现在,其哲学思想和道家接近,又曾征引到《道经》;而其隆礼尊君则又和法家接近,是孙氏之儒而杂于道、法者。乐正氏应当就是《曾子·大孝篇》中的乐正子春,其论述孝道正合曾子思想。《曾子》十八篇和《孝

---

① 钱穆《先秦诸子系年》。
② 郭沫若《十批判书·庄子批判》。
④ 详见作者所撰《漆雕之儒考》。

经》当就是子春所传,以孝为主;墨子"以孝视天下",《曾子·王言》《制言》等篇也合于墨家明堂思想,乐正氏之儒可能吸取了墨家的思想。再从李克、吴起来看,他们虽是子夏弟子,他们的事迹只能证明他们都应当是法家(另有《法家流变考》言之甚详)。八儒的吸取于各家完全是无可置疑的。道家思想以天道为中心,重形上而遗形下,《易传》吸取了这一思想,变而为以形下通形上,以天道明人事,以建立儒家道德的形上体系。这和本篇所述政治思想关系不大,兹从略。墨、法两家则重在政治,而对儒家政治思想的影响也很大,兹就儒之吸取墨、法者略作分析如下。

(一)墨家

墨子身当战国初期剧变之际,在孔子之后,孟子之前,但其对政治之态度则与孔、孟相反。孔、孟是站在旧贵族立场来维护世袭贵族,而墨子则是站在"役夫""贱者"的立场来反对世袭贵族[①]。其学说以兼爱、尚贤为主,兼爱以反对世袭贵族的血缘性的经济地位,尚贤以反对

---

① 《墨子·贵义篇》载:"子墨子南游楚,楚王使穆贺见子墨子曰:'子之言诚善矣,而君王天下之大王也,毋乃曰贱者之所为而不用乎!'"《荀子·王霸篇》说:"是以县天下,一四海,何故必自为之。自为之者,役夫之道也,墨子之说也。"这都是把墨子所行当作"贱者所为""役夫之道",而墨子正是站在贱者、役夫的立场上。

世袭贵族的血缘性的政治地位。兼爱之极则不别亲疏一律平等，尚贤之极则至于选天子。他主张一律平等，甚至主张君主和人民在工作和生活上都不应当有区别。荀子说他"僈差等"，说他"上功劳苦与百姓均事业，齐功劳"①，正是指的他这种思想。但他却又把这一律平等的思想说成是天的意志（天志），给它披上了宗教迷信的外衣。儒家则只吸取了这一律平等的思想而抛弃其天志学说。汉今学家制度以明堂最为重要，而明堂制度则源于墨家。《汉书·艺文志》说："墨家者流，盖出于清庙之守，茅屋采椽是以贵俭，养三老五更是以兼爱，选士大射是以上贤，宗祀严父是以右鬼，顺四时而行是以非命，以孝视天下是以上同，此其所长也。及蔽者为之，见俭之利因以非礼，推兼爱之意而不知别亲疏。"清庙就是明堂，是墨家学说各项义理都源出于明堂。应当是墨家有此理论，班固才这样说。墨家著述散佚很多，不能因其不见于现存墨家著述中而加以怀疑。今学家不仅以明堂为论政之所，禅让行之于明堂，巡狩黜陟告归于明堂，大射选侯在明堂，辟雍选贤也在明堂，是今学家所理想的制度都可统一于

---

① 《荀子·非十二子篇》："不知一天下、建国家之权称，上功用大俭约而僈差等，曾不足以容辨异县君臣，然而其持之有故，其言之成理，足以欺惑愚众，是墨翟、宋钘也。"《富国篇》："墨子大有天下，小有一国，将少人徒省官职，上功劳苦，与百姓均事业、齐功劳。"

明堂制度内①。正是儒家吸取了墨家思想的中心而成为儒家制度的中心。先秦诸子中最能阐述明堂思想者当推尸子,《尸子》书《汉志》列为杂家,就《尸子》书来看,它不同于《吕览》《淮南》以道家思想为中心的杂家,而是以儒、墨思想为中心的杂家。《尸子》有《止楚师》一篇,就是叙墨子止公输般攻宋事。他又说:"禹之治水……死于陵者葬于陵,死于泽者葬于泽,桐棺三寸,制丧三日。舜死南已,衣衾三领。"正是根据于墨家的学说。《明堂篇》说:

> 古者明王之求贤也,不避远近,不论贵贱,卑爵以下贤,轻身以先士,故尧从舜于畎亩之中,北面而见之。不争礼貌,此先王之所以能正天地利万物之

---

① 颍容《春秋释例》说:"太庙有八名,其体一也。肃然清静谓之清庙,行禘祫、叙昭穆谓之太庙,告朔行政谓之明堂,行飨射、养国老谓之辟雍,占云物、望氛祥谓之灵台,其四门之学谓之太学,其中室谓之太室,总谓之宫。"蔡邕《明堂月令论》与此略同。郑玄《驳五经异义》说:"天子曰辟雍,天子将出征,受命于祖,受成于学。出征执有罪,反释奠于学,以讯馘告,大学即辟雍也。"阮元《明堂论》总括起来说:"明堂者,天子所居之初名也,是故祀上帝则于是,祭先祖则于是,朝诸侯则于是,尊老、养贤、教国子则于是,飨射、献俘馘则于是,治天文、告朔则于是,抑且天子寝食恒于是。"《尚书·尧典》叙尧、舜禅让说"受终于文祖",郑注:"文祖者,五府异名,犹周之明堂。"桓谭《新论》说:"明堂,尧谓之五府。"《尧典》说舜巡狩后"归格于艺祖",郑注:"艺祖,犹周之明堂。"从以上所说来看,篇中所说辟雍选贤、封禅禅让、巡狩黜陟、明堂议政都施行于明堂,而明堂制度可作为诸政的总纲。

故也。今诸侯之君,广其土地之富,而奋其兵革之强以骄士,士亦务其德行、美其道术以轻上,此仁者之所非也。曾子曰:"取人者必畏,与人者必骄,今说者怀畏,而听者怀骄,以此行义,不亦难乎!非求贤务士而能致大名于天下者,未之尝闻也。夫士不可妄致也。……"是故曰:待士不敬,举士不信,则善士不往焉。听者耳目不瞿,视听不深,则善言不往焉。孔子曰:"大哉河海乎,下之也。夫河下天下之川故广,人下天下之士故大。"故曰:下士者得贤,下敌者得友,下众者得誉。故度于往古,观于先王,非求贤务士而能立功于天下、成名于后世者,未之尝有也。夫求士不遵其道而能致士者,未之尝有也,然则先王之道可知已。

明堂就是大学,是养士之所,故他从人君必须礼贤下士来讲论明堂,正是因为养士的作用是观贤议政。上以骄士,下以轻上,正是战国时代流氓式政客和暴君双方的丑态,明堂正是替代这种形势的绝好形式。《尸子·君治篇》说:"黄帝曰合宫,有虞氏曰总章,殷人曰阳馆,周人曰明堂。"正是指出明堂是为政的要点。《艺文志》称佼鲁人,《穀梁传》为鲁学,曾再次引《尸子》以释《春秋》,而《尸子》书也载穀梁俶传《春秋》事。尸子就可能是一位《穀梁》先师,墨家明堂理论可能就是通过《尸子》而流传给汉的今学家。

墨家"以孝视天下",战国晚期的儒家也特别重视"孝道",《曾子·大孝篇》以孝来统括各项德目,且又有《孝经》的出现。《孝经》中有所谓天子之孝,诸侯之孝,卿大夫、士、庶人之孝,也统括了一切德目。汉代纬书说:"志在《春秋》,行在《孝经》。"更是特别提高《孝经》的地位,使其和《春秋》并列。墨家法夏,而《孝经》多用夏法①。且又说:"先之以博爱而民莫遗其亲。"很明显的,这都是吸取了墨家思想的结果。《曾子》《孝经》所讲的"孝道"已和孔、孟所说"孝道"的含义不同了②。

儒家吸取了墨家思想而又能进一步发展者,当以《礼记·礼运篇》最为显著。《礼运》思想来自墨家,当以近人伍氏《墨子大义述》说得最为透彻,他说:

> 《礼运》大同之说,颇与儒家言出入,学者或疑其非孔氏书,或以为学老、庄者搀入之。实则墨子之说而援之以入儒耳。盖儒者数传之后,墨家兼爱、尚同之理想,已大见重于世人,孔子所谓尧、舜犹病者,而墨子以为实行不难,子游弟子等乃援墨入儒,谓仲尼

---

① 墨家法夏说见下。《孝经》多用夏法本章太炎《孝经夏法说》。
② 可参考李浚清《从儒学史上言孝弟义》一文。

亦有此说云耳。明知墨家之兼爱与儒家之礼不相容，别为大同、小康二说，谓姑先行小康之治，仍徐跂于大同，此《礼运》之所由作也。《礼运》大同说与其他儒家言不甚合，而与《墨子》书意义多符，文句亦无甚远，"天下为公"则尚同也，"选贤与能"则尚贤也，"讲信修睦"则非攻也，"不独亲其亲，不独子其子"则兼爱也，"货恶其弃于地，力恶其不出于身"则节用、非命也。"使老有所终，壮有所用，幼有所长，矜寡孤独废疾者皆有所养"，则"老而无妻子者有所侍养以终其寿，幼弱孤童之无父母者有所依放以长其身"之文也。"货不必藏于己，力不必为己"，则"余力相劳，余财相分，余道相教"之义也。"谋闭而不用，盗贼窃乱不作"，则"盗贼无有，谁窃谁乱"之语也。总观全文，大抵摭拾《墨子》之文，其为墨家思想甚为显著。……篇中下文，圣人能使天下为一家，中国为一人，亦《墨子·尚同篇》语。

儒者既采取了墨家思想以入《礼运》，但礼乐则为墨家所非毁，故儒者不得不揭出礼乐的根源来说明礼乐的必要性。所以《礼运篇》在叙述了大同、小康之后，又说："昔者先王未有宫室，冬则居营窟，夏则居橧巢。未有火化，食草木之实、鸟兽之肉，饮其血，茹其毛。未有麻丝，衣其羽皮。后圣有作，然后修火之利，范金合土，以为台榭宫室牖户,以炮、以燔、以烹、以炙,以为醴酪,治其麻丝,以为布帛,以养生送死,以事鬼神上帝。"这是从社会发展的观点上来说明礼乐之起源,人类从野蛮进入文明,是自然发生的。又说:"饮食男女,人之大欲存焉;死亡贫苦,人之大恶存焉。故欲恶者,心之大端也,人藏其心,不可测度也。……欲一以穷之,舍礼何由哉?"又说:"故圣王修义之柄、礼之序,以治人情,故人情者,圣王之田也,修礼以耕之,陈义以种之,讲学以耨之,本仁以聚之,播乐以安之。故礼也者,义之实也,协诸义而协,则礼虽先王未之有,可以义起也。"认为人生而有欲、有恶、有情,而礼正所以治理人之欲、恶、情,使其能合于义,只要能合于义,虽是先王所无之礼,也是可以创造的。这是从人的本能上来说明礼的必要,大同世界,也不过是礼的极点。儒家虽然一方面从理论上来说明礼乐的必要性,以回答墨家的批评,同时在另一方面也对部分礼乐作了适当的精简。先秦时儒家都以《诗》《书》《礼》《乐》《易》《春秋》并称,或《诗》《书》《礼》《乐》《春秋》,《诗》《书》《礼》《乐》并举,而入汉以后《乐经》不传。廖先生说:"今学家因日月祭之渎祀,乃订为四时殷祭,厚葬之致祸,乃专主薄葬。"又说:"古礼从周多繁文,今礼变周多简质。"应当说,这些精简正是由于接受了墨家的批评。

孔子和今文学

(二)法家

法家较墨家稍为后起,其对政治的态度也是反对世袭贵族的。但是墨家是站在一切平等的基础上来反对世袭贵族,而法家则是站在扩张君权的基础上来反对世袭贵族,这是墨家和法家的根本分歧。所以墨家的著述中阐明一切平等的理论多,而在法家的政绩中则是以摧抑世袭贵族的政策多。商鞅在秦,《史记》载其"日绳秦之贵公子",又令"宗室非有军功,论不得为属籍"。这确实能作到"强公室、杜私门"的效果,但他也因此被贵族杀死。吴起也是个法家(《韩非·外储说右上》载"吴子为法者也"),史载他在楚,"废公族疏远者","谓荆王令贵人往实广虚之地","教(楚)悼王使封君三世而收爵禄"。他也大肆打击世袭贵族,结果也是被贵人射死①。秦"师申、商之法,行韩非之说"②,《汉旧仪》说"始皇灭诸侯为郡县,不世官,守、相、令、长以他姓相代,去世卿大夫"。这算是彻底地取消了世袭贵族的特权。反对世袭贵族可说是法家思想中的主要的一环。而孔、孟则是维护世袭贵族的(见

---

① 吴起材料分别见《史记》本传、《吕氏春秋·贵卒篇》、《韩非·和氏篇》。
② 《汉书·董仲舒传》仲舒策:"至秦则不然,师申商之法,行韩非之说。"

前),但是《公羊传》却再度的"讥世卿",认为"世卿,非礼也"①。近人李浚清氏说:"讥世卿是《公羊》义,非《春秋》义。"这是很正确的。很清楚,这正是《公羊》家吸取了法家思想。他如《春秋》大一统义、尊王义,也都是受到法家的影响。

《汉书·艺文志》儒家有《子思》二十三篇,除《礼记》中收录的《中庸》《表记》《坊记》《缁衣》四篇纯为儒家思想外,其见于诸书的佚文则颇多法家思想。《后汉书·袁绍传》注引:"兔走于街,百人追之,贪人俱存,人莫之非者,以兔为未定分也。积兔满市,过者不顾,非不欲兔也,分定之后,虽鄙不争。"这和《慎子》《商君书》不仅是思想一致,而且文字也大同小异。《孔丛子》载:"子思问于夫子曰:'为人君者莫不知任贤之逸也,而不能用贤,何故?'子曰:'非不欲也,所以官人任能者由于不明也,其君以誉为赏、以毁为罚,贤者不居焉。'"②又载子思对卫君说:"君将以名取士耶?以实取士耶?"也正和《韩非子》所说"今若以誉进能,则臣将离上而下比周;若以党举官,则民务交

---

① 《公羊传》隐公三年:"尹氏卒。尹氏者何?天子之大夫也。其称尹氏何?贬。曷为贬?讥世卿。世卿,非礼也。"宣公十年:"齐崔氏出奔卫。崔氏者何?齐大夫也。其称崔氏者何?贬。曷为贬?讥世卿。世卿,非礼也。"

② 《孔丛子》为王肃伪撰,本不足据。但其所载子思事常与其他书籍所引子思事相合,是王肃作伪当有所据,而非凭空杜撰,故引以为证。

而不求用于法。故官之失能者其国乱,以誉为赏、以毁为罚也"的思想相同。《孔丛子》又载:"穆公问子思曰:'吾国可兴乎?'对曰:'苟君与大夫慕周公、伯禽之治,行其政化,开公家之惠,杜私门之利,结恩百姓,修礼邻国,其兴也勃矣。'""强公室,杜私门"正是商鞅所以治秦、吴起所以治楚而韩非所谆谆告诫者。《孔丛子》又载:"子思居卫,言苟变于卫君曰:'其材可以将五百乘。'君曰:'变也尝为吏,赋于民,而食人二鸡子,以故弗用。'子思曰:'君处战国之世,选爪牙之士,而以二卵弃干城之将,此不可使闻于邻国者也。'"这种为了富国强兵而重才不重德的思想,也正是法家思想的反映。晁公武《郡斋读书志》引《子思子》:"孟轲问牧民之道何先,子思曰:'先利之。'孟轲曰:"君子教民,亦仁义而已,何必曰利?'子思曰:'仁义者固所以利之也。《易》曰:利者,义之和也。又曰:利用安身,以崇德也。此皆利之大者也。'"(《孔丛子》有此文)。这显然是针对孟子"先义后利""亦有仁义而已,何必曰利"等思想而发的,它引用《易经》来调和义利的对立。这正反映出子思书出于《孟子》以后,它吸取了各家学说,而最显著的则是法家思想。今学家说"《春秋》改周之文,从殷之质",从殷之质的实质,就是取法于法家(详下),而"文、质"论则又源出《礼记·表记》,《表记》为子思之书。今学家之大量吸取法家思想正是以子思之儒为之先导。

今学家常说:"《春秋》改周之文,从殷之质。"又说:"文质再而复。"今学家又常说:"夏之政忠,忠之敝小人以野,故殷人承之以敬,敬之敝小人以鬼,故周人承之以文,文之敝小人以僿,救僿莫若以忠,三王之道若循环,终而复始。"很显然,这是两种不同的循环论。根据前者,继周而王者应当取法于殷。根据后者,则继周而王者应当取法于夏。这岂不是互相矛盾么?而且这又和孔、孟、荀一直传来的从周的说法不一致①。今学家为什么会提出这种既和孔、孟、荀思想不合而又自相矛盾的理论呢?要解决这一问题,只需了解所谓的"殷"和"夏"是什么意义,便可迎刃而解了。从表面上看,法殷是法殷之质,法夏是法夏之忠,而实际上则并不如此。所谓"夏"的实质是指的墨家思想,而所谓"殷"的实质则是法家思想。法夏、法殷就是兼取墨、法两家的思想。《淮南子·要略》说:"墨子背周道而用夏政。"《庄子》称墨子说:"不能如此,非禹之道,不足谓墨。"《墨子·公孟篇》也自许为"法夏"。墨家之说"法夏",也正如儒家之说"从周",至为显著,近世学者多已承认。《韩非子》说:"殷之法,弃灰于衢者刑。"《新

---

① 《论语》:"周监于二代,郁郁乎文哉,吾从周。"《孟子·离娄篇》:"今也小国师大国而耻受命焉,如耻之,莫若师文王。师文王,大国五年,小国七年,必为政于天下矣。"《荀子·非相篇》:"五帝之中无传政,非无善政也,久故也。禹、汤有传政,而不若周之察也。"是孔、孟、荀都是主张从周。

序》言商鞅之法:"弃灰于道者被刑。"就是说商鞅之法是根据殷法。荀卿说:"刑名从商,爵名从周。"也正是因为刑法多从殷来,故说"刑名从商"。董仲舒说:"殷人执五刑以督奸,伤肌肤以惩恶,秦国用之,死者甚众。"是秦所用就是殷人之法,而他又曾说:"秦师申、商之法,用韩非之说。"是申、商、韩非所传都正是殷法。法家之取法于殷当也是无可怀疑的(详见《儒家法夏法殷义》)。已知墨家思想是法夏,法家思想是法殷,则今学家所说法夏、法殷是兼取墨家、法家思想就很显然了。不说是取于墨家、法家而说是法夏、法殷者,只不过是因为儒、墨、法长期相互攻击而不愿意显明地表示其"舍己从人"的面子问题在作怪罢了。

根据上面所说,我们可以说,从战国晚期到汉初这段时间,儒家思想发生了一次巨大的变化,它吸取了很多其他学派的思想,使儒家思想向前发展了一步,不仅是在思想内容上是丰富了,增多了,同时还通过和各家斗争的锻炼而在理论上提高了,在思想方法上深入了。

前面谈到,先秦诸子各学派在战国末期都相互吸取,我们还必须指出,他们不仅是吸取而已,而且还是在保持其独特思想的基础上,围绕着自己的中心思想来吸取别家的学说以充实自己。司马谈说道家"因阴阳之大顺,采儒墨之善,撮名法之要",又说道家:"其术以虚无为本,以因循为用。"这就是一个最显著的说明。《吕览》《管子》

《淮南》便是在这样一个原则支配下所产生的作品。他如《韩非子》是集商鞅之法、申子之术、慎到之势而成一家，又取道家之说以为君人南面之术，而终不离其"不别亲疏，不殊贵贱"尊君而卑臣的中心。又如《墨经》，已放弃其前期墨家的天志、明鬼等思想，而又剽取儒家忠孝等德目，然终不离其"兼相爱、交相利"的中心。且诸子思想既相互影响而日趋成熟，于是各家都有就其主要思想提纲摘要而制作为"经"的事出现，道家有《道经》，墨家有《墨经》，《韩非·内储》《外储》也有《经》，都是作为各家的经典。儒家学术，又何能例外，"六艺经传以千万数"，也正是儒家吸取了诸子思想而折衷于六艺的结果。只不过其他各家重在理论而忽视文献，儒家则是既重理论又重文献罢了。诸子是以理论为经，儒家则是以旧文献为经。只有明确了这种先秦诸子发展的情况，才能对汉代经学（主要指今学，下同）有正确的认识。认识"六经传记"是诸子思想的发展，才能认识出汉代经学的思想性，才不会把六艺经传当作史料看待。在肯定了经学的思想性后，再来分析经学家的礼制，才能发掘出这些礼制所体现的思想内容。明确了经学有其一定的思想内容，再结合诸子学派作"经"的事来看经师们所传的六经，才能知道六经虽是旧史，但经学家不可能丝毫不动地把旧史全盘接受下来，必然要删去旧史中和新的思想体系相矛盾扞格的部分，这样才能经传自相吻合，如像廖先生所说的"六经传记,重规叠矩"。因此,应该承认汉人所说删《诗》《书》,订《礼》《乐》,作《春秋》完全是事实,只不过并不能一齐都堆在孔子头上而已。这样才能认识汉代经学虽然是从孔、孟儒家演变而来,经学家也把孔子尊为素王,但其思想内容则已大大和孔、孟有别了。从前有人认为孔、孟是维护世袭贵族那样旧社会的,经过战国以后这种旧制度已经彻底崩溃,而儒家反而更盛,似乎是不可理解。这不是别的,正是由于儒家思想随着时代的前进而发展了。它吸取先秦诸子各家思想,使它在理论上较各家为全面,它重视了三古的典章制度,使它在方法上较各家为具体,然后才能认识它能够得到大量群众的信从并不是偶然的。它不仅在战国末被认为是和墨家平分秋色的显学,即使在素不好儒且曾焚书坑儒的秦朝也是博士中的多数派。

《史记·叔孙通列传》载:"陈涉起山东,二世召博士诸儒生问。……博士诸生三十余人前曰:'人臣无将,将即反,罪死无赦。愿陛下急发兵击之。'二世怒,作色。叔孙通前曰:'诸生言皆非也。……'""无赦"下《集解》引瓒曰:"将谓逆乱也,《公羊传》曰:'君亲无将,将而必诛。'"①

---

① 《史记会注考证·留侯世家》正义引《陈留风俗传》言:"园庾字宣,明《公羊春秋》,为秦博士。"与此相互证明,更可说明博士诸生是用《公羊》理论在回答。

在这短短的几十个字里，一则称"博士诸儒生"，再则说用《公羊》理论回答的就有三十余人，三则三十余人之外还有像叔孙通之类的谄谀二世的儒生，可以说博士中儒生数量是很多的。从这段文字来看，至少应有三十多人是儒生。近世学者多认为博士员额是七十人，那么，在秦博士中的儒生就至少占了一半。其他还有占梦博士、名家博士及为仙真人诗的博士等诸子博士，总合最多也不过是六七十人①。秦用的是法家的政策，而又不喜欢儒生，但博士中偏偏以儒生的比重特别大，这岂不正是儒家的思想散播较广、信徒较多的反映吗？汉承秦制，也立博士，叔孙通为高帝博士，孔襄为惠帝博士，申培、韩婴、贾谊及公孙臣为文帝博士，辕固、胡毋生、董仲舒为景帝博士。从这些可考见的博士来看，绝大多数也都是儒家。司马迁说："文帝本好刑名之言，及至孝景不任儒者，而窦太后又好黄老之术，故诸博士具官待问，未有进者。"文、

---

① 《史记·始皇本纪》三十四年李斯请："非博士官所职，天下敢有藏《诗》《书》百家语者悉诣守尉杂烧之。"是秦有《诗》《书》博士，有百家语博士。汉承秦制，刘歆《移让太常博士书》说："孝文时，诸子传说犹广立于学官为置博士。"《始皇本纪》载三十六年有为仙真人诗博士，三十七年有占梦博士，《艺文志》名家黄公名疵，为秦博士，儒家有羊子，故秦博士，都是秦的诸子博士。至博士人数，《始皇本纪》三十五年载侯生、卢生相与谋曰"博士虽七十人，特备员弗用"，《说苑·至公篇》载"始皇召群臣而议，博十七十人未对"。汉承秦制，《汉旧仪》言："孝文皇帝时，博士七十余人。"都说是七十人。

景不好儒,所以博士们都坐了冷板凳,这不也正反映出博士多半都是儒生吗! 在武帝以前,黄、老、申、商、韩非、苏、张各家学说虽也各有传授,但从《史记》《汉书》的材料看来,还是远不及儒家传播的广泛。纵然太史公是先黄老而后六经,也只能提供出很有限的几条材料。但由于汉初萧、曹、文、景以无为为治,好黄老,遂给予人们一个汉初黄老盛行的看法,考之实际,则不尽然。从秦汉博士官的情况来看,儒家是早已拥有大量群众,武帝之下令崇儒,只不过是因势利导而已。不容讳言,自武帝以后儒家有了独尊的条件,有了利禄的引诱,儒家又大大发展了。但其发展的主要因素还决定于它的学术思想内容。但是,它的学术思想的主要部分却反而因为立于学官而隐晦起来了。

汉代经学虽然是继承先秦儒家(和诸子)而来,但在学术内容的重点则各不同:先秦详于理论,汉儒详于制度。只有理论而没有制度,理论就只是空谈;只有制度而没有理论,制度就会失掉意义。故理论和制度必须综合起来研究,而后才能认识其思想全貌。而且先有理论后有制度,又是学术发展的自然次序。从上面所述来看,我们认为汉代的经学是先秦儒家和诸子的完成和总结,杂家《吕览》《淮南》是以黄老为中心来总结,六艺经传是以儒家为中心来总结,这样的提法并不算是夸大和过分。但自董仲舒出来以后,变素王为王鲁,变革命为改制,变井田为限田，以献媚于武帝，又高唱"《春秋》大一统"以尊崇王室，因而混乱了今学思想。自武帝、宣帝立今学各家的博士官以后，学术既统率在政权下面，今学中一部分比较尖锐的思想——如革命、禅让等理论，就不敢公开讲论，而使今学内容趋于枯萎。博士们虽谨守师法讲述所托于古的礼制——理想的制度，但对这些礼制的精神意义已不能不逐渐沦于"幽冥而莫知其原"的状态。而今学末流那种"分文析字，烦言碎辞"的治学方法，"专己守残，党同妒真"的学术态度，已引起了当时学术界的不满，而给古学家造成了可乘之机。且在西汉二百年间，儒家虽获独尊的特殊待遇，但今学家的政治理想并未被采纳施行，反而只招致了几次殉道事件。最后，他们把希望寄托在别有用心的王莽身上，他们的学说（如革命、禅让）为王莽的篡取政权创造了条件，把王莽推上了皇帝的宝座。而王莽在改制中也采用了部分今学家的理想制度，但王莽最后是失败了，今学家也因此而受到很大影响。于是古学家乘机而起。古学家的治学方法是把六经还原为旧法世传之史，放弃西汉师说传记而直探经文，于是义理之学废而训诂之学兴，使经学丧失了思想内容。但古学后起，初期的古学经师如贾逵、马融、郑兴、郑众，以及后期的郑玄、服虔，在解说各经时也还常用今学家的说法。《诗经》在王肃以后，《左传》在杜预以后，《易经》在王弼以后，古学才脱离今学而独立；但三礼仍然是今古混杂，因而古学家也未能严格地恢复旧史。可是自此以后，今学却绝灭了。当两汉经师不得志于当道的时候，甘忠可、夏贺良、李寻等把今学思想托之于宗教，制为《包元太平经》，指向在民间传播。现《太平经》犹存，还可考验（虽然已有很多增窜，但还能看个大略），它的理想和今学家的理想是殊途同归的。然而却已托于神怪以资传播，甘、夏等人真可说是"用心良苦"了。

现在看来，今学在理论上是比较全面的，在制度上是比较具体的。但在汉时，各经师各守专经，少有互通，没有（也不可能有）根据全部理论、制度来作一次通盘整理、全面论述。虽然提出"素王""新周""为汉制作"等纲领，但也语焉不详，缺乏内容。石渠、白虎两次会议正是以礼制为中心，但是主要是皇帝来称制临决，自然是由皇帝来取舍，内容就大大变质了。要对今学获得全面了解本已不是一件容易事，再加上学术阵营上的几次混乱——董仲舒的变节、博士的固陋、古学的攻击，就更增加了后人对今学了解的困难。怎么会不因"素王""新周"等辞句而同意前人"非常异义可怪之论"的批评呢！自魏晋以后，学者只争论郑玄、王肃而不再辨论今、古，今学思想于此中绝。及至清代，稽古考据之学大盛，抛弃宋唐，专究两汉，学者们且打出"汉学"的旗帜来号召。但又多束缚在许慎、郑玄范围下，日孳孳于名物训诂，在学术上无系统、无条理，虽然他们已略知汉代有今、古学的差异，但又多只知从文字的今书和故书,从《逸书》《逸礼》等问题上来分析,还没有接触到今、古学问题的本质。须知今、古学的差异是两个学术派别之间的差异,学术派别上的差异,应当是从学术内容上来考察,仅仅从几个字或几章书的差异来着眼能解决多大问题呢? 自清中叶以后,庄存与、刘逢禄、宋祥凤、龚自珍、魏源等人钻研《公羊春秋》,打出"今文"旗号,专讲《公羊》的"微言大义",但又不能辅以礼制,因此更招致了学者的怀疑。陈寿祺、陈乔枞、陈立和后来的皮锡瑞等人专讲西汉今学,已略略知道从礼制上来分析,但还不知道研究礼制的意义,还没有统绪,问题就在于忽视了"《春秋》大义"。只有井研廖季平先生能并重《春秋》、礼制,把庄、刘和二陈两派汇合于一途,所以刘申叔先生称他"长于《春秋》,善说礼制,洞彻汉师经例,魏晋以来,未之有也"。廖先生在两者中他都有深入的研究。他作《今古学考》,明确地提出用礼制判别今、古的方法,以《周官》为古学家礼制纲领,以《王制》为今学家礼制纲领,认为古学是从周是旧制,今学是改制是理想,而后使今学、古学如泾渭分流,秩然不紊;使清代百余年间争论纷纭而不能解决者,至此而得到彻底解决的方向。他说:"《春秋》因时救弊,春秋有志之士,皆欲改周之文,如今之言治者莫不欲改弦更张。《王制》所言,皆素王新制,改周从质。周末积弊多,继周当改,故寓其事于《王制》。"是在以礼制分今、古的基础上,又用《春秋》家的政治思想来说明今学制度的意义,使已湮没了千几百年的有理论有制度的今学家思想全貌得到重新发掘出来的可能。这不能不承认是近代学术界的重大发现。虽然廖先生的学说后又迭有变改,但以《周官》《王制》判今、古的基本论点从未动摇。"今学是经学,古学是史学"的论断是千古定论。而世之学者不能掌握先生学说的精神,或见其天人、小大六变之说的玄妙秘奥,惊惶而不知所从;或拾其牙慧而大唱毫无根据的议论。甚至有的竟以《周官》《左氏春秋》等古学经典都出于刘歆伪造,为王莽篡汉提供一切建设根据。我们在前面已多次论到《周官》是一套贵贱悬殊、种族歧视的制度,而王莽改制则是有一定均富思想、限制富豪的政策,两者毫不相干,如何能混为一谈。于经于史,都一无是处。近世学者又或略能窥知今学学说,但又困惑于阴阳五行气味过于浓厚,而忽略了阴阳五行外衣里有其一定的合理内核,一概以迷信看待,因此仍然不能认识今学家真面目。我们认为研究今学家思想首先应该剥去它的迷信色彩的外衣,抓住它的合理的内核,然后再根据其历史条件,分析其披上阴阳五行外衣的原因,才能够真正掌握今学思想的全貌。在这个基础上再来进行批判,才能打在点子上,不致差得太远。本文所写,只可说是根据廖季平先生所指示出的方法,初步提出今学思想中几项主要思想原形,提供研究中国思想史的同志们参考。至于用马列主义的科学方法来分析批判,则力有未能。而所提出的今学思想原形是否符合历史的客观实际,也至诚地希望有关同志予以指教。

原载山东人民出版社 1961 年 3 月《孔子讨论文集》第一辑

孔子思想中进步面的探讨

——1961年12月在一次孔子讨论会上的发言

毛主席说:"今天的中国是历史的中国的一个发展;我们是马克思主义及历史主义者,我们不应当割断历史。从孔夫子到孙中山,我们应当给以总结,承继这一份珍贵的遗产。这对指导当前的伟大的运动,是有重要帮助的。"孔子毕竟是春秋时代的人,不能不有着时代的局限性。从今天来说,显然有他落后的一面,但确也有他进步的一面。因此,我们在总结和批判继承我国古代文化遗产的工作上,对于孔子的思想给以正确评价是必要的。既要看到他的思想的落后面,即局限性;也要做到不苛求于古人,而看到孔子思想中进步的一面。

孔子在中国封建社会得最尊崇的地位,已经二千多年了。但这二千多年间,思想学术的发展,随时代的变化而逐渐剧烈,各个人所认识的孔子原各不相同。在汉代有今学、古学,宋代有朱学、陆学,清代考据学也有吴派、皖派之别,至于近代人所讲孔子的流派更为众多。这些派别都各自认为自己所讲的是孔子思想的本来面目。我们如果专从某一派的认识来评价孔子,而不从时代变迁、社会发展和学术演变上来看孔子,其结果不过是批判了某一派的学术,而没有给孔子以正确的评价。因此,我们必须寻根溯源,区别出一切学派系统,结合时代深入地进行探讨,给孔子以正确的评价。今天,我拟就汉儒和宋儒对孔子的认识,来探讨孔子思想的渊源及其本来面目。

一

《论语》载:"子曰:'予欲无言。'子贡曰:'子如不言,则小子何述焉?'子曰:'天何言哉?四时行焉,百物生焉,天何言哉?'"孔子又说:"(吾)五十而知天命。"韩愈认为孔子之道传给孟轲,但"轲之死不得其传焉"。在这里,韩愈所指的传与不传是什么呢?从《原道》中看出,韩愈着重强调的是:夏葛而冬裘,渴饮而饥食。这就是指事物的法则了。宋儒讲孔子,正是抓住这一根本在讲。朱熹认为孔子所谓"四时行焉,百物生焉,天何言哉"是说"四时行,百物生,莫非天理发现流行之实,不待言而可见"。又认为"五十而知天命"的"天命"是指"天道之流行而赋于物者,乃事物所以当然之故也"。在对于孟子发挥孔子这一思想解说时,宋儒的认识就更为明显具体了。孟子引"《诗》曰:'天生烝民,有物有则,民之秉彝,好是懿德。'孔子曰:'为此诗者,其知道乎?夫有物必有则,民之秉彝也,故好是懿德'",朱熹注:"物,事。则,法也。"陆象山的弟子杨慈湖最重《礼记·曾子问》一篇,他认为:"天有四时,春秋冬夏,风雨霜露,无非教也。地载神气,风霆流行,庶物露生,无非教也。"这种说法与孔子的物则之说相符合。至于陆象山就说得更为明白了,他说:"人为学甚难,天覆地载,春生夏长,秋敛冬肃,俱此理。"他们所说的都是孔子对于自然界的看法。孔子认为天地事物有其自然规律,人是无法违反这些规律的。两千多年以前,孔子就能够认识到这一点,而与一般人所谓天为万物的主宰的看法迥然不同,对天地鬼神有灵识的看法发生动摇,这不能不说是孔子思想中进步的地方。

"有物必有则,民之秉彝也,故好是懿德。"这是孟子根据孔子对于自然规律和人性的看法加以具体化了。朱熹注:"有物必有法,如有耳目则有聪明之德;有父子则有慈孝之心;是民所秉执之常性也。"可见自然界有其必然的规律,而人也有其自然的规律。人有自己的好恶就是根据自然规律。人有自然的法则,这是人生的途径。孟子说:"形色,天性也。唯圣人然后可以践形。"段玉裁在释"仁"字时曾以医书之说来理解,如桃仁、杏仁的"仁"是可以播种再生的。关于"性",未尝不可仿段氏释"仁"的方法,照医书理解每种药物都各有其性,它决定了该一药物的药性,而人也是有人的性的。孟子所说的"形色",就是人的天性，但要圣人才能尽其性。形色天性，这是自然规律。《大学》讲得很好："所谓诚其意者，毋自欺也。如恶恶臭，如好好色。"人之恶恶臭、好好色，是人们很自然的天性，用不着思考就自然反映出的。这岂不是和药物的性一样是不可改动的吗？一个人不愿做的事就不要去做，孟子说："鱼，我所欲也；熊掌，亦我所欲也。二者不可得兼，舍鱼而取熊掌者也。生，我所欲也；义，亦我所欲也。二者不可得兼，舍生而取义者也。"这都是根据"欲"字而言。人欲生而恶死，是人的常情，但在二者不可得兼时，孟子则认为或择大欲，或择小欲，或从大体，或从小体。人性都是如此。既诚其意，就不能自欺，不应当做的事欺别人或许是可能骗过的，但总骗不了自己。这就是《管子》所说的"心之中又有心"。这个心中之心，就是人的本性，它是最后指导人们言行的一个指南针。

孟子对于人性的看法是导源于孔子的。董仲舒曾对孔孟关于人性自有其自然规律的看法表示怀疑。他把人性比作禾、比作卵，把善比作米、比作雏。他说禾可以出米、卵可以出雏，但禾不是米、卵不是雏。他认为人的天性是可以为善的，但须有圣王之教。韩婴的看法却比董生的看法高，韩婴认为禾虽不是米、卵虽不是雏，但禾不成为米、卵不孵出雏又成什么呢？倒是韩婴还理解到了人性的自然规律。宋儒在讲人性时，是认识到了孔孟的真意的，但却有着先天论的倾向，而韩婴却还有发展论的看法。孟子言养气正是重视发展,孔子性近习远,也是说有待于发展。自宋儒以后,明末清初的陈乾初还讲得好些,他讲性善,尽量发挥了发展论的认识,而比宋明儒所讲的人性学问要高明得多。

二

生长在春秋时代的孔子,正是处在社会的大变动之中。他确实是站在旧社会、旧贵族的立场上,还存在维护旧贵族的思想。《论语》载:"子曰:君子笃于亲则民兴于仁,故旧不遗则民不偷(薄也)。"这正反映出当时社会已在变化了,旧的、血缘关系的人物已不被君主所重视,而孔子则主张挽回这种情况,扭转当前的发展。孔子主张"吾从周","君君、臣臣、父父、子子"就是要求按旧的方式生活。但是,在孔子思想中确乎还有顺乎时代潮流的一面。正因为这样,才为后来的儒家、诸子加以发挥,并吸收各家学说(主要是墨家、法家)而发展,成为了汉代今文学的主要的理论和制度的来源。

《论语》载:"桓公杀公子纠,召忽死之,管仲不能死,又相之。"这是从统治阶级内部的君臣大义来责备管仲。但孔子却只说:"相桓公,霸诸侯,一匡天下,民到于今受其赐。微管仲,吾其被发左衽矣。"这是从人民利益、民族利益来称赞管仲,对君臣之义一层只字不提。孔子所骂的"匹夫匹妇之为谅",当然指的是召忽。这种重视人民利益而轻视君臣大义,无论汉唐宋明的哪家注释,都不能理解这一点。只有今天在马克思列宁主义、毛泽东思想的指导下,才能说明这一点。管仲有这样的大功是了不起的,其余就不必论了。这是何等真切的识见、何等伟大的胸怀。"公山弗扰以费叛,召,子欲往。""佛肸以中牟叛,召,子欲往。"这和孔子对管仲的评价标准是一致的。也如孔子一再谈到博施济众的人,不仅可以称为仁者,就连尧舜也赶不上的认识是一致的。可见,孔子不仅具有同情人民的思想,有在客观上利于人民的主张,还有吊民、革命的思想。这就无怪只从君臣大义的认识出发,对孔子的上述言行总是想不通了。

孔子的这种思想,为后来的儒者中许多人作了充分的发挥。孟、荀以"桀纣为独夫"是从这里来理解的。至于汉代今文学家更充分地发挥了这一学说。因此,我们从今文学去探求孔子思想的真面目,可能是差得不远的。关于这点,前作《孔子和今文学》曾有详论,在这里只作简单的论述。

今学思想应当以《齐诗》《京易》《公羊春秋》的"革命""素王"学说为其中心,礼家制度为辅翼。今学家辕固生说:"夫桀纣虐乱,天下之心皆归汤武,汤武因天下之心而诛桀纣,非受命而何?必若所云,则是高帝代秦即天子位非邪?"很显然,辕固的说法是和孟、荀、《易传》相一致的,是承受了这一思想。汉初说《诗》分齐、鲁、韩三家,《齐诗》就是传自辕固,而《齐诗》有所谓"四始""五际"学说,说道:"《大明》在亥水始也……午亥之际为革命……然则亥为革命,一际也。"这里所说的"革命"就是"汤武革命"的"革命"。辕固的"汤武受命"的理论正和"五际""革命"的理论是一致的。统治者不准讲汤武革命,就只好透过《大明》之诗披着阴阳五行的外衣来讲了。京房《易传》说:"凡为王者,恶者去之,弱者夺之,易姓改代,天命靡常,人谋鬼谋,百姓与能。""易姓改代,天命靡常"也正是汤武受命的理论,是京房也是主张"革命"学说的。京房《易传》现已失传,晋干宝注《易》的思想则是继承京房,我们不妨提出一些干宝的说法作为观察京房思想的补充。干宝《晋武帝革命论》说:"尧舜内禅,体文德也;汉魏外禅,顺大名也;汤武革命,应天人也;高宗征伐,定功业也。各因其运而天下随时,随时之义大矣哉!"谁都知道,晋武是受魏禅,而干宝却根据《易经》"随时"(适应时代要求)的理论说他是"革命",而认为"禅让""征伐"都是"革命"。这一说法既是以《易经》作为理论根据,可能也是京房《易传》的思想。干宝《易杂卦注》:"凡《易》分为六十四卦,以为上下经,天人之事,各有始终,夫子又为《序卦》以明其相承受之义,然则文王、周公所遭遇之运,武王、成王所先后之政,苍精受命短长之期,备于此矣。""弟子问政者数也,而夫子不与言三代损益,回则备言王者之佐、伊尹之人也,故夫子及之焉。"这里所说的"苍精受命""回为王者之佐比伊尹"等提法正是汉今文家"孔子素王"的说法,"三代损益"又正是孔子素王的制度。干宝注《易》如此,想来也本于京房的思想。"革命""禅让""素王"本来就是三位一体的不可分割的学说。素者空也,"素王"就是有其德而无其位的"王"。今文家认为孔子的德是可以为王了,但无实际的王位,而寓王法于《春秋》,故称素王。既如此,所以"孔子素王"又或称为"《春秋》素王"。素王说必须是以革命论为根据的。《说苑》引孔子说:"周道不亡,《春秋》不作,《春秋》作而后君子知周道之亡。"这正是《春秋》是继周而王的说法,继周为王正是公羊家素王说的根据,但若不革去周命,《春秋》何能继周为王!素王说若不把革命论作为前提,当然不免被认为是"非常异义可怪"之论了。"素王"在汉初以《公羊》家持之最力。《公羊》家说:"孔子作《春秋》,见素王之义焉。"把素王说作理解《春秋》的中心思想,后来纬书中也有很多。《齐诗》讲"革命",《公羊》讲"素王",但两者是不能分割的,是不能孤立起来讲的。很显然,如果没有革命来"易姓改代",圣人如何能受命而王?故只讲素王而不讲革命,称王便失掉根据。反过来,如果没有素王的"一王大法","革命"便将无所归宿。如只讲革命而不讲素王,革命便失掉行动目的。

素王是寓王法于《春秋》,今文家又常说《春秋》"为汉制作"。但所谓"王法"究竟是什么呢？所谓"制作"究竟又是些什么呢？很显然，今文家必定还有一套和"革命""素王"相一贯的具体的典章制度存在。但在现存资料中，却不能找到明确的答案。因为这套制度是和革命、素王理论相一贯的，也同样是为王朝统治者所不能容忍的。当时学者迫于统治权威的压力，只好把其理想的制度托之于三古。这样，虽然把理想的制度保全了，但却把真正的三古制度搞混淆了。所以汉代的经师们在讲解同一经籍时，却讲出了各个不同的制度，其所以不同根源就在于此。因此，我们就必须仔细加以分析，整理出哪些制度是历史的陈迹，哪些制度是寄寓的理想，然后才能考察出理想制度所体现的思想实质，然后才能看出今文学家其所理想的全貌。现在仅就几项主要的制度，如井田、辟雍、封禅、巡狩、明堂等来作些分析。关于井田，孟子主张的是周制的井田，即乡遂都鄙田制不同，助彻并行的田制，这是征服者压迫被征服部族的极不平等的种族歧视政策的反映。而今文家所说的井田，已经没有乡遂都鄙之别，也不是助彻并行了，这是一种经济平等思想的反映。辟雍（学校）也是这样，周代人民在受教育上是极不平等的，也有乡遂之别，六遂以下则根本没有学校，六遂的人民没有受教育的权利和机会。而今文家所讲的学校则是结合井田制度的统一田制而普遍设立的学校，这是他们教育平等的理想。关于封禅，今文家主张革命论，但他们主张的"革命",并不同于我们现代语辞"革命"的概念,只是认为天子所受的天命可以革去罢了。他们所理想的革命方法只不过是易姓改代的征诛或"禅让"。"禅让"是今文学家软弱的表现。但以处在绝对王权的专制时代的历史条件来看,敢于要求皇帝退位,仍不失是一种有进步意义的理论。禅让体现在礼制上就是封禅,今文学家莫不用禅让来解释封禅。禅让学说起于战国,当然不能说三古制度已是如此。关于巡狩,其原始的意义是巡狩、述职,是类似检查工作并游乐的制度。今文家既主张禅让,选天下之贤人而禅让帝位,因而对诸侯的建立也主张选贤。不仅如此,同时还有对诸侯的处分和奖励制度——黜陟。黜陟则体现于巡狩述职制度中。关于明堂,今文家强调明堂制度,其意义就在于"明堂议政"这一点上。可见,今文家的思想是一个万民平等的思想,它包括了经济平等、教育平等、出任国家元首的权利平等、封国爵土上的平等以及议论政治的平等。从形式上看,这是一个气魄雄伟的、有理论根据、有具体办法、比较完善的理想体系。但他们总无法摆脱历史给予他们的局限:无法认识在阶级社会中,任何要求一律平等的理想都只能是幻想。同时,他们无法认识到周代井田制度的崩溃是历史发展的必然结果。同时,他们在理想的制度中还主张实行世袭的封建制度(非五种生产方式的封建意义),这是对不平等制度反抗得不彻底的表现。虽然如此,但也不能因而抹煞了在专制统治时代提出"革命"的进步性,不能因而抹煞了在阶级对抗异常尖锐的时代提出一律平等的进步性。

曹魏时许芝说:"周公反政,尸子以为孔子非之,以为周公其不圣乎?以天下让,不为兆民也。""为兆民"这一思想就是孔子评论管仲的出发点,也是孔子要往费、往中牟的主脑,这是孔子思想进步面的根本,是孔子学说的最高原则。孔子把让天下当成小事,把为兆民才认为是大事,这是何等精透的识见。今文家正是从这一原则扩充出去的,把这一学问发展得最完备。这自然不是孔子当时已达到这种程度,也不是秦汉儒生中哪一个人独立所能做到的,而是在长时间专制统治者严酷压迫的刺激下,在许多仁人智士的思想启示积累下,才逐步形成的。而且也显然是吸取了周秦诸子百家之长(特别是墨家、法家),却又以孔子思想为中心,加以丰富才发挥出来的。今文家的这些学说,当然不能都归之于孔子的微言或七十子的大义,只能说这些学说是承接于孔子或者是导源于孔子。

三

综上所述,可以看到孔子思想中的进步面。但是,同样是儒家,也同样是封建君主统治的时代,为什么秦始皇对儒生深恶痛绝,乃至焚书坑儒,而汉武帝却又能独尊儒术,推崇备至呢？其实,秦皇汉武并没有多大的差别,秦是因"人善其私学,以非上之建立",才有焚书之祸;因浮丘伯面责始皇"行桀纣之道",主张五帝"官天下",反对"家天下",遂发生坑儒之事。汉武帝也是这样,赵绾、王臧请立明堂,两人皆因此同遭杀身之祸。武帝以后的眭孟、盖宽饶,也是请汉帝禅让传贤而致杀身之祸的。由此可见,凡坚持儒家学说的人,无论六国之君或秦皇汉武都是不能相容的。至于汉武时所谓"以儒显"的公孙弘等,皆"曲学阿世"者流。"罢黜百家,立学校之官,皆自仲舒发之。"这是后世所称大有功于儒学的人,但董仲舒却变汤武革命为三代改制,把易姓受命的禅让说成为"继体守文之君(即世及之君)不害圣人之受命"。同时又把今文家主张的井田变为了限田。今文学本是富有斗争性的,阿曲者流降低了儒学的理想要求,对专制君主妥协让步,将儒学进行曲解变质,对这样的儒学,无怪乎汉武帝就乐于接受而加以利用了。而对儒家礼制上的异议,更召开御前会议称制临决,儒学就为御用品了。这种儒学本是不足道的,古文学起来专讲训诂,也是卑卑不足道。清末康有为专讲《公羊》,尊崇董仲舒,也不是今文学的全面,所以结果只能言变法,却不能从礼家制度上来研究今文家的"一王大法",从学术上看,他只能是董仲舒的今文学而已。

但是,在专制君主的压力下,今文学家仍有一部分人在继续斗争,但只能隐蔽起来,秘密传授。所谓"以授所贤弟子",这就是后来的"内学"。于是不能不用阴阳五行的外衣,当作烟幕,便成为后代的纬书(不是谶记)。不但如此,还由秘密传授转入躬行实践,走上行动方面去了。从今文学看,都是大谈"汤武革命",似乎他们已意识到最后一定要诉诸武装斗争,但他们有一个"无土不王"的陈腐观念,后来陈涉揭竿而起,似乎才打破了这种迷信,鲁国的一些儒生毅然抱着礼器投奔陈王,最后与陈王同死。所以司马迁说:"然王迹之兴,起于闾巷,合从讨伐,轶于三代,安在无土不王?"到成帝时,齐人甘忠可造《天官历》《包元太平经》十二卷,以教夏贺良、丁广世、郭昌诸人,于是解光、李寻也竭力宣扬这套学说。这些人都是今文学家。《太平经》思想,对汉代的农民起义实际起了很大作用,可说是倡导起义的巨著。张角号称黄巾,就是太平道。西汉末年,无论哪一支农民起义队伍,都要拥戴一个姓刘的来号召,这和陈涉、吴广起义时大家都要找个六国的后代来号召一样。但到黄巾起义时就不然了,他们鲜明提出"苍天已死,黄天当立"的口号,农民不要姓刘的了。从此以后,中国历史上多次农民起义都有宗教关系,他们提出均贫富、等贵贱的要求,是很鲜明的。这与《太平经》、与今文学能说没有联系吗?《太平经》中正蕴蓄着很多今文学的思想,是可考见的。当然,今所保存下来的《太平经》,已不是西汉时代的原形,但还可推出一些原始面目。

我们从上面的讨论来看,可以看出这一意识形态的演变发展。孔子与任何思想家一样,有他为时代所局限的一面,也有他进步的一面。我们从历史的发展来看,每一时代就有该时代的社会意识。就中国古代社会而言,孔子以后的思想家,在某些方面也常有超过孔子的,但这些儒者总是爱把自己所见到的认为这才是孔子的真传,而他们所举孔子的主要话句,多是孔子很少谈到的。宋儒就是明显的例证,宋儒又认为这一部分是孔子的微言。其实,认为他们接触到了孔子,或导源于孔子都没有什么不可以,如其把全部归之于孔子,就不对了。汉、宋儒者之所谓微言,都是孔子所谓"权"的一部分,也是弟子和时人所怀疑的一部分;汉、宋儒者所发挥的学说,也许是孔子所意识到了的。总的说来,从某一时代、某一学派去衡量孔子未尝不可,不过总要把这些学说和孔子的某些地方或同或异分析清楚,才是合符辩证法的。

此稿由当时川大历史系青年教师胡昭曦同志记录;记录稿经先生校阅。

论经学遗稿三篇

甲 篇

盖至秦汉之间,而儒之宏深莫可与为伦也。惟晚周之学重于议政,多与君权不相容,而依托之书遂猥起战国之季。始之为托古以立言,名《太公》《伊尹》之类是也;继之为依古以傅义,则孔氏六经之事出焉。托古之事为伪书,依古之事多曲说。然以学术发展之迹寻之,曲说、伪书者,皆于时理想之所寄,而所谓微言大义者也。此儒家之发展造于极峰。至汉武立学校之官,利禄之路开,章句起而儒者之术一变而为经生之业。伏生、韩婴、贾谊、董子之徒,殆犹在儒生经师之间,《新序》《说苑》为书尚存儒生面目于十一。石渠、白虎以降,委曲枝派之事盛,破碎大道,孟、荀以来之绪殆几乎息矣。始之,传记之学尚存周末之风;终也,射策之科专以解说为事。自儒学渐变而为经学,洙泗之业,由发展变而为停滞,由哲学而进于宗教，由文明而进于文化。孟、荀之道熄，而梁丘、夏侯之说张。盖先汉之经说即据晚周之陈言以为典要，可贵在陈义而未必在释经，所谓六经师说者，即周秦儒生之绪论也，汇集战国百家之言，舍短取长而以一新儒道者也。经生之业不足贵，而儒者之坠绪犹赖以存，此今文学之犹有足取。至东京而古文之学兴，于经师旧说胥加摈斥，亦于邹鲁缙绅之传直以旧法世传之史视之、以旧法世传之史考论之。井研廖师以今文为哲学、古文为史学，诚不易之论。若以史言，则贾、马之俦固无大失；若以儒言，则今文已远于孟、荀之绪，又况于古文之学哉！自今文之学起而儒以微，至古文之学立而儒以丧。考之先秦学术之变，而知儒之日益精卓者，以其善取于诸子百家之言而大义以恢宏也；儒之日益僿陋者，以其不善取于旧法世传之史而以章句训诂蔀之也。自孔、孟以下，儒者也；今文章句之学，则经生也；古文训诂之事，则史学也；三变而儒道丧、微言绝、大义乖，皆汉师之罪也。井研廖师谓：今古学之分，两汉先师已不能心知其意，岂不然哉！清世之学，由唐、宋而反之汉，由东汉而反于西汉，反于周秦，惟以经训为主，故益进而益微茫，若无迹之可寻者，以周秦以往固无所谓经学也。由《五经意义》《白虎通义》以辨今、古学之区分系于礼制，而以《王制》统今学、以《周官》统古学，经生之业至是而蔑以加也。余于客秋重读董、贾、伏、韩、刘向、陆贾之书，始恍然于昔之求经说者犹隘，其事与经文无关而与西汉经说陈义相通者,皆儒家之绪论也。廖君次山谓余曰:若是则取义之途恢阔无际,不若昔人之枯索窘隘也。盖自龚、魏以来皆知上溯周秦以广今学,惟以限于经训,故犹未免枝细少宏旨。盖操经生之业以读诸子,固未若以诸子之学求儒者之旨而合之经生之业也。井研廖师自谓为哲学非经学,盖非哲学固不足以尚论儒家,此井研之所以为先觉也。今三十年来,诸子之学盛于一时,虽著作之林瑕瑜互见,而创通大义已十得四五,诚非毕、孙沾沾校勘训释者所可及也,而余固略知之也。时会之所与,昔之人未能有此助益也。然不以先汉经说为据,则漫衍而无归,况其精义奥旨毕汇于经!儒为经之先河,经为儒之后海,益后之论益精,惟于经说可以求之,舍经说而言诸子,殆犹仅涉其樊者也,岂足以言宗庙百官之美富哉!执诸子以窥六经师说,虽贾、郑犹多可取,又况于伏生、董、韩之俦哉!是则余生虽晚,犹幸得闻先德之绪余,略窥经学之户牖,则又今之喜而不寐者也。

乙　篇

　　晚周之儒学,入秦汉为经生,道相承而迹不相接。孟、荀之术若与伏生、申公之业迥殊。苟究明之,非学晦于炎汉,义逊于前哲,以道术发展之迹寻之,实周秦之思想集成于汉代,若百川之沸腾,放乎东海而波澜以息也。

岂徒儒分为八，同萃于兹，周季哲人皆具括囊众家之意，惟儒亦然。名、墨、道、法之精，毕集于六艺之门，盖儒者至是已足以倾倒百家而独尊，有诚非由于一时偶然之好恶者。前则《吕览》《淮南》之书，及《尸》《管》之俦，胥主于道家以综百氏，司马谈父子亦其流也；后则贾生、晁错、董生、刘向，亦莫不兼取法家、道家之长以汇于儒术。穷源竟流，而后知西汉之儒家为直承晚周之绪，融合百氏而一新之，其事乃显。惟今文之学有其中心，至井研之学出，乃有论定。不知今文之中心者，不足以知周秦学脉之相毕注于此也。知其中心而不求之周秦，亦不足以见今文之恢宏。知周秦与汉统绪之相承，乃可由中心之根干以至于枝叶之扶苏，然后见今文之恢宏，非徒较量于琐琐异同之间。所谓经世致用者，汉与周秦无殊致，万壑争溪，同注江海，纳异为同而事益深宏也。昔读晚周书，每惜其旨义多未竟而忽焉零落。于今观之，汉师之渊宏博大，正以诸子之发展萃于一途，鼓洪炉以镕铸三品，集长去短，粹然使毕出于正。刘、班以九流诸子为六艺之支与流裔，究其始末，非诸子之出于六经，实经说之能荟集诸子以为经术之中心。究诸子之义理，始觉千歧百异毕有统摄，毕有归宿。六经与百家，必循环反复，乃见相得而益彰。晚周与先汉，离之则两伤也；先秦以往之思想毕萃于汉，而岂特汇儒者一家之说，使结晶于是哉！魏晋而下，亦毕源于汉，其或出入者，亦于儒略有修正阐明耳。

自儒者不得竟其用于汉，而王莽依之以改革，凡莽政之可言者，皆今文家之师说也，儒者亦发愤而归颂之。逮莽之纷更烦扰而天下不安，新室倾覆，儒者亦嗒焉丧其所主，宏义高论不为世重，而古文家因之以兴，刊落精要，反于索寞，惟以训诂考证为学，然后孔氏之学于以大晦。道之敝，东京以来之过也，贾、马、二郑之俦之责也。是东京之学不为放言高论，谨固之风起而恢宏之致衰，士趋于笃行而减于精思理想，党锢君子之行，斯其著者，而说经之家固其次也，故董、贾之书犹近孟、荀之迹，而东汉之学顿与晚周异术。

丙　篇

由秦汉至明清，经学为中国民族无上之法典，思想与行为、政治与风习，皆不能出其轨范。虽二千年学术屡有变化，派别因之亦多，然皆不过阐发之方面不同，而中心则莫之能异。其力量之宏伟、影响之深广，远非子、史、文艺可与抗衡。自清末改制以来，昔学校之经学一科遂分裂而入于数科，以《易》入哲学，《诗》入文学，《尚书》《春秋》《礼》入史学，原本宏伟独特之经学遂至若存若亡，殆妄以西方学术之分类衡量中国学术，而不顾经学在民族文化中之巨大力量、巨大成就之故也。其实，经学即是经学，本自为一整体，自有其对象，非史、非哲、非文，集古代文化之大成、为后来文化之先导者也。

六经原为邹、鲁所保存之古典，《庄子·天下篇》所称：其在《诗》《书》《礼》《乐》《易》《春秋》，邹、鲁之士缙绅先生皆能明之。周世各国诸侯，由文化传统之各异，所保存之古籍亦互不同。如《楚语》载申叔时教太子应读之书，及晋太康二年得魏安釐王冢中所藏之书，数量皆大，内容相差亦远。各国古籍，于此可见大概。惟齐国典籍与鲁国最近，《管子·山权数》称齐有五官技，为《诗》、《礼》、行时、《易》、《春秋》，是五技与六艺之名相近。《乐记》言《诗》有六：《颂》《大雅》《小雅》《风》《商》《齐》，应即齐人五技之《诗》，与鲁人六艺之《诗》只分为四者亦仅小有不同。周秦诸子只儒、墨两家称道《诗》《书》，道、法各家皆无言《诗》《书》者，以儒、墨皆鲁人，故皆用鲁书，孔、墨两家授徒所用教典宜同此六艺也。

六经为古代之文献，为后贤之教典。周秦间学术思想最为发达，谓之胚胎孕育于此古文献则可，谓之悉萃于此古文献则非也。孔子、孟、荀之思想可谓与此古文献有关，而孔子、孟、荀之所成就则非此古文献所能包罗含摄。儒术衰于战国，而六经之学固应衰。儒学复盛于汉代，而六经亦因之益尊。诚以其为儒学之根柢而尊之耳。汉代建学独尊六经，罢黜诸子，《孟子》《论语》皆不置博士。实则六经之尊者以后来儒家思想之进步，惟以各家义不能同，互为矛盾，尊经则可以涵盖各家，尊儒则不易衷于一是。汉师经术,《诗》分为四、《春秋》分为五,即其明验。实则经徒为根据而传记乃始益进于精深。司马谈言:"六艺经传以千万数,累世不能通其学,当年不能究其礼。"足知为书之多,蕴义之富,为儒家后来学术之结集。儒之为百世所崇,端在于此,其价值傥益驾六经而上之也。

周秦间原为诸子学术最发达之时,至汉一变而经学最盛,罢黜百家,独尊孔氏,其事甚奇。及观传记间多存百家义,则知事之非偶,诚有自来。《韩非子》言儒分为八、墨离为三,试详究之,知儒之分为八者,正以儒与九流百家之学相荡相激,左右采获,或取之道,或取之法,或取之墨,故分裂而为八耳。先秦晚期各派,法家、道家皆与他派相出入,韩非、庄子尤为显著。儒家之事,正亦如此。汉代经师有法殷、法夏之说,继周损益,二代孰宜,于此不免自为矛盾。及究论之,法家自托于从殷,儒之言法殷者为《春秋》家,实取法家以为义也;墨家自托于法夏,儒之言法夏者为《礼》家,实取墨家以为义也。儒家原为从周,故孔、孟皆偏于世族政治;而法家始主于扩张君权,墨家欲选天子,庶人议政,入于民治思想。自儒兼取墨法之义,而理义之恢宏卓绝为不可企及;其人生哲学亦显有取于道家,而义亦益趋于精致。此皆求之传记而可见者。是知儒学之尊,其义皆系于传记。诚以六艺经传以千万数,殆八儒之汇归而百家之结论也。

周秦诸子为国史上最为灿烂之思想文化,而经术者此灿烂文化之结晶也。战国末期，百家之学术渐趋于汇合，综百家之长而去其短者为杂家，《吕览》为之始，而《淮南》继之。惟杂家以道德为中心，故偏于玄言，不切世用。继杂家而起者为经术，为儒家，推明仁义之说，固视道家为精，其言政术亦视杂家为备，其取杂家而代之固宜。故先汉儒学一以制度为中心，石渠、白虎集五经诸儒讲论同异，端在是也。儒家制度本取之墨家，儒盛而墨衰者，墨偏于宗教之信仰，儒富于哲学之寻求。仁义之说本源于三古文字之始，其义已明，邹、鲁之间其说尤著。道家起于南方，偏于玄虚，以仁义为小；法家盛于北方，重视现实，以仁义为迂（大也），皆远于中华传统之文化。墨家虽言仁义而与儒家有殊，以墨翟孤竹之裔（章太炎说），为东夷之族，其言仁实为夷俗仁、徐偃之行仁义之比，故终不同于儒家，取墨之儒盛而墨反衰者，非无由也。东周为旧社会之崩溃，而儒以衰者，以旧儒学之偏于旧社会也。汉初为新社会之长成，而儒反以大盛者，以新儒学之融合百家有以应新社会之需要也；又能笃守传统文化之核心，发挥仁义之说，因时制宜，集长去短，其能压倒百家，独尊千载，不亦宜乎。

儒墨本盛于战国之末，自韩非以儒墨对举而汉人颇沿之。儒为鲁人之学，言六经，墨亦鲁人，言六经。经术盛而墨亦颇合于儒，墨学之徒胡非、隋巢之属，其著书佚文之可见者皆流于襪祥，是犹墨子天志、明鬼之说。汉人传六艺,其流有纬书,经义之外,皆属機祥,殆墨学之徒为之也。墨学本为宗教,故纬书备言孔子能前知,受天命,号素王,孔子于此几一变而为教主。即汉之经师,亦多喜言灾异,赖儒生多排斥之,故孔子不入于宗教之列,此诚文化上之一大事。邹衍言阴阳,而归本于仁义节俭,同于墨子。后人多以纬书为邹衍之学,而未知其实墨学也。殆邹氏亦墨学之别子也。墨子言尧举舜于服泽之阳,群书无此说,惟《尚书·中候》及《帝命验》与之同,此非纬书源于墨学之证乎!墨子非乐,而六经独缺《乐经》;墨家以孝视天下,而汉人独尊《孝经》,此皆儒、墨汇合之故也。以诸子称引六经言之,其初止于《诗》《书》《礼》《乐》,至荀卿始引《易》,似《易》之列于六经较晚。周季引《易》者,他亦仅见黄歇、蔡泽二家,皆南方之人,殆荀卿之楚得江东馯臂子弓之传,颇习于道家之说,故荀卿《解蔽》多道家之旨,其并称仲尼、子弓者以此。然则六经之删合为一,未必出于孔子。六经为古文献,而汉人所言者为理想之新制度,乃旧文献与此新制度无抵触者,此非六经成于新儒家之手乎!正以新理想、新制度之产生而六经始必有待于删定也。是则晚周之诸子入汉一变而为经学,经学固百家言之结论,六经其根柢,而发展之精深卓绝乃在传记,经其表而传记为之里也。

　　上遗稿三篇,系先君弃养后,清理遗物时得之书案屉中者,三稿虽皆未竟之作,然先君长期存之屉中,盖重之也。稽之文字,验以楮墨,甲、乙二篇略作于1944年前后,丙篇略作于1949年。先君说经宗井研廖季平先生,特佩廖氏以礼制判今、古之论,谓"先生依许、郑《五经异义》以明今古之辨在礼制,而归纳于《王制》《周官》,以《穀梁》《王制》为今文学正宗,而《周官》为古文学正宗,平分江河,若示指掌,千载之惑,一旦冰解",而谓徒以文字、佚篇为今、古之别者为未知根本。尝称吴挚甫之言曰:"古文《尚书》出自壁中为古文,今文《尚书》亦出自壁中为古文。今文《尚书》以今文写定正经,孔安国以今文读之,亦以今文写定正经。今文家惟传二十九篇,古文亦惟传二十九篇。则今、古之异安在?"且以至王肃之伪《家语》、贤首之伪《起信论》,"必皆先有伪书之学,而后有伪学之书,而古文之起在先,古学之立在后",是所谓"新学伪经"者为"本末倒置"。至于张扬"伪经"之波而又自诩为"超今文"者,则更琐末不足道。先君之判今、古虽宗廖氏以礼制为本之说,而其推论今、古所以致异之故,则颇与廖氏不同。廖氏之说先后六变,先君皆以为未安。然先君之说前后亦三变,盖益变而益精。方1927年之作《经学抉原》也,值《古史甄微》既成,尚论东、北、南三方民族、文化互异之后,乃创鲁学、齐学、晋学、楚学之说,书中皆有专章;谓齐、鲁之学本自不同,鲁学为儒学之正宗,齐学则杂诸子百家言,而《王制》则或取齐、或取鲁,左右采获以为书,则今文为糅合齐鲁两学以成者也;而古文之学源自梁赵,孔氏学而杂以旧法世传之史者也。为说虽异于廖氏,然以今、古皆传自孔门犹同也。此先君之初说也。后又见今、古文所据周秦典籍,各书有各书之面目,各书有各书之旨意,以今、古之学乃汉师就此诸书不合理之强制组合,谓:"《周官》为孔氏未见之书,丘明不在弟子之列,佚《书》、佚《礼》出自鲁壁,当删余之经,费《易》、毛《诗》出孔门为民间之学,其本非一途,说非一致,合群书为之说,建《周官》以为宗而古学立。《公羊》、辕固本于齐,《穀梁》、申公出于鲁,邹、夹、韩婴其源又异,刺六经为《王制》,合殊科为今文。古学为源异而流合,今学亦源异而流合,欲并胡越为一家,贮冰炭于同器,自扞格而不可通。"今、古之学固已自相矛盾,欲执今、古家法以明周秦之学,殆绝不可能。故主于破弃今、古家法,而"剖析今古家所据之典籍,分别研讨,以求其真,则晚周学派之实庶乎可见"。况汉师所据者外之晚周典籍尚多,更非汉师家法所能概括,更何家法之足守?于是截然将汉代经学与周秦划分为二,与廖氏六变之学皆归于孔氏者已大不侔,然与廖氏破弃今、古,上追周秦之旨则仍相合。此先君之二说也。

详具《井研廖师与近代今文学》《井研廖师与汉代今古文学》,此不赘引。后又由高欢之语鲜卑与华人(《通鉴》卷一五七),而悟及西周之处周人与殷人乃国、野异制,而田制、学制、兵制皆不相同,显为贵贱严格之等级制度,而今文家所讲之"一王大法"乃万民一律之平等制度,既与贵贱悬绝之周制不同,亦与尊奖兼并之秦制相异,而为当时儒生之理想制度,故今文师说所陈礼制多有精深大义,如井田以均贫富,辟雍以排世族,封禅以选天子,巡狩以黜诸侯,明堂以议国政,殆皆所谓"非常异义可怪之论"也。且谓持此诸制之学者为秦汉之际之新儒家,而与维护贵族世卿制度之孔孟旧儒家侧然有辨也。尝言:"周秦之际,诸子之学皆互为采获以相融合。韩非集法家之成,更取道家言以为南面之术,而非固荀氏之徒也。荀之取于道法二家,事尤至显。《吕览》《管书》汇各派于一轨,《淮南子》沿之,其旨要皆宗道家;司马迁之先黄老而后六经,亦其流也。六艺经传之事,盖亦类此,汇各家之学而综其旨要于儒家。"此新儒家之所以形成也。此先君说经之又一变,其去廖氏之学益远,然今文改制、古文从周之旨犹与廖氏相承。于是撰《儒家政治思想之发展》,就汉师礼制之荦荦大者咸揭橥其大义,皆发前人之所未发,然于儒家思想发展之迹,出入异家之故,六艺经传与诸子相承之源委，则犹未遑言及，盖拟另文专论之，然以世事扰扰，终未能着手。1959年为《孔子和今文学》，亦仅就今文学与墨、法之关系略示端绪而已，私心常以为憾。默既习经史有年，尝承间请曰：可否在严指导下试为之。先君莞尔而笑曰："此非汝所能为也，虽季甫（从叔，尝从先君治经二十年，先君常称之）亦不能，我当自为之，然需集中半年时月，重读两汉先秦诸书，庶几可就。"三稿所论，皆此篇旨意，然乏具体论证。现研究传统文化之风渐兴，亦间有文论涉及经学者，故敢以先君未竟之作呈诸士林，幸大雅方家有以论之。

蒙默　整理后记
1990年11月

原载1991年《中国文化》第四期

汉儒之学源于孟子考

孟与荀比肩而弘孔子之传,孟子之学出于子思,而荀则并罪思孟,独诵子弓,方诸仲尼。二氏之说大相反,汉儒之学多渊源荀卿,论学之精微,不逮宋贤。后世言学,每以宋人之学为直接孟氏,而以汉人之学为源于荀卿。晚世之言,大抵若是也。及今古之学稍明,然后知孟氏言礼、言《春秋》为今文祖,《公羊》《王制》其事也,而荀氏不与焉。今文盛行于西汉,则汉师之学翻似源于孟氏者为多。然此特学之粗者也,语其精则性道之微、孟氏之旨,若非汉师所晓者;及试考之,则汉师固不足以发明孟氏,而究其立言之旨,则若一依孟氏为说,而与荀氏之旨远。是汉学言性道仍渊源于孟子,又非特《王制》《公羊》《书传》诸大端而已。夫圣人之学二端耳,内圣则性道之精微,外王则损益之恢宏,凡孟氏所论,若汉儒悉能举之,而近世今文家言,尚未之能发也。近世言今文崇《公羊》、宗董子,董之于孟,若不相似;孟言性善,而董之说性入于三品,则非孟内圣之微也;孟言损益为革命,而董但言改制,则非孟外王之大也;此《公羊》董氏之不足以尽孟,而晚近疑汉学之不源于孟也。苟博求之,则孟氏以性善明内圣,以革命明外王,其义宛若存于汉师之说,而未或息焉淆焉,一若汉儒之多出于孟子,而义高于董子者犹多,不徒《公羊》《王制》之说焉耳!盖儒学固以齐鲁为宗,其波及于他方者,齐鲁之余也。汉之师儒,齐鲁为盛,虽流之既远,尚保其一贯之传,他方异派之学,实不得而淆焉。若明清之制义,虽不必能知程朱之微,然实依程朱之旨以为言。蜀学、新学,则更非制义者所知,若风马牛之渺不相及。吾于《齐诗》之言有发于此,因逐类而广之,比辑其义,然后大信汉儒外王之学出孟子,而内圣之学亦本之孟子,非仲舒之徒所可及也。

《齐诗》家言"五行在人为性,六律在人为情,性者仁义礼智信也,情者喜怒哀乐好恶也,情胜性则乱,性胜情则治。性自内出,情自外来,情性之交,间不容系"。夫以仁义礼智信言性,此即孟子以四端言性善之说,荀氏无此旨也。曰"情胜性则乱,性胜情则治",则性之善可知也。"蹶者趋者是气也,而反动其心",此之谓情胜性;"志气之帅也,气体之充也",此之谓性胜情。"性自内出",则"仁义礼智非由外铄我也,我固有之"之说;"情自外来",则《乐记》所谓"感于物而动,性之欲也,物至智知,然后好恶形焉"之说也。好恶者固昔人之所谓情也,《论衡》亦言

"性生而然者也,情接于物而然者也",是感物而动之谓外来,故《易疏》言感物而动谓之情也。夫《齐诗》固言六律在人为情,在人则非自外来也。然其说五行在人为性,六律在人为情,似若二源对立,一内一外,事若宾主;然非此谓也。《孝经援神契》言:"性者生之质,人所禀受;情者阴之数,内傅著流通于五藏。故性为本、情为末,性主安静,恬然守常;情则主动,触物而变,动静相交,故间微密。"是则"情虽主动,触物而变",若自外来,而实傅性,一本一末,流通五藏者,实依于生之质也。"性主安静,恬然守常",则《乐记》"人生而静,天之性也"之说。性本情末,故《白虎通》引《礼运记》言:"六情所以扶成五性。"情傅于性,故得有扶成之用。贺玚云:"性之于情,犹波之于水,静时是水,动时是波,静时是性,动时是情。"《乐记》云:"人生而静,天之性也,感于物而动,性之欲也。"性之欲则情也,荀卿亦如是言。《正名篇》言:"性之好恶喜怒哀乐之谓情。"《天论篇》亦云:"好恶喜怒哀乐藏焉,夫是之谓天性。"是则静之谓性,藏之谓性。《大戴礼注》言:"喜怒乐忧惧,以其俱生于人而有常,故亦谓之性。"此亦"恬然守常"之说。而常之谓性,性固有常,情则须节,盖释性、欲、情,自昔皆如是说,以斯六者为情,尤无或异。惟荀卿不以五者之说言性,而昔人固又无不如是也。《钩命诀》曰:"情生于阴,欲以时念也;性生于阳,以就理也。阳气者仁,阴气者贪,故情有利欲、性有仁也。"斯亦性善而情

汉儒之学源于孟子考

未善之说也。(《援神契》言"情生于阴以计念,性生于阳以理契",与《钩命诀》意同。计念、时念之意,颇似释氏之说七识。《易疏》"随时念虑谓之情",《礼·乐记》疏"因性念虑谓之情",正末那识也。)《说文》言:"情,人之阴气有欲者;性,人之阳气性善者也。"先师无不以仁义礼智释性,即无不主性善;以好恶喜怒哀乐释情,即无不主情之未善,此其大较也。《易疏》言:"性者,天生之质,正而不邪。"尤显为性善之论。则翼氏而下,至汉末之许、唐初之孔,性善之说,未之或昧。性善而情未善,其所以为说,原本之《乐记》:"好恶无节于内,智诱于外,不能反躬,天理灭矣。"反躬而后性胜其情,孟子曰"物交物则引之而已",即斯义也。孟子又曰:"心之官则思,思则得之。"则所以充四端而节六情者心也,人之所由能反躬者也。曰本心,性也;曰放心,情也;性善而情未善,孟子、《乐记》亦如是而已。王充言:"人五藏以心为主,心发智慧,而四藏从之:肝为之喜,肺为之怒,肾为之哀,脾为之乐,故圣人节之,恐伤性也。"此《援神契》"情者阴之数,内傅著流通于五藏"之说,而主之以心。《淮南》亦言:"心者五藏之主也。"仲舒言性情,亦约同他之经师。其曰:"衽众恶于内,弗使得发于外者,心也,故心之为名,衽也。"亦孟子之心官则思之说。故曰:汉师之说,虽不必得孔孟之精微,然典型固在,未尝离孔孟之说而以异派之说参之;即荀卿性恶之说,亦未见有称引之者。若伏生书言"心之精神是谓圣",则不失圣人矩步,而又特精美者也。陈乔枞曰:"六律在人为情,诸儒多未阐明。《乐记》曰:乐者,音之所由生,其本在人心之感于物,是故哀心感者其声噍以杀,乐心感者其声啴以缓,喜心感者其声发以散,怒心感者其声粗以厉,敬心感者其声直以廉,爱心感者其声和以婉。六者非性也,感于物而动。《乐记》所谓感者,指六情而言,是则六律通乎六情明矣。翼氏言观情以律,此类之谓也。"仲舒欲调和于荀、孟之间,其曰:"茧有丝而茧非丝,卵有雏而卵非雏,性有善端,动之爱父母,善于禽兽,则谓之善,此孟子之善。孔子曰:善人吾不得而见之。圣人之所谓善,未易当也,非善于禽兽则谓之善也。"但原其意,茧非丝、卵非雏,而茧、卵固不能外丝、雏以他为也,故禾出米、性出善。则仲舒亦性善之徒也,未入于性恶也。《论衡》谓仲舒作性情之说曰:"天之大经,一阴一阳,人之大经,一性一情,性生于阳,情生于阴,阴气鄙,阳气仁,曰性善者,是见其阳也,谓恶者,是见其阴也。"虽欲折中孟、荀,而阴阳、性情、仁鄙之说,亦与并世之说同符,无他义也。则董亦主性善而情未善,而又以情未善之说疑性善之说,得为通义乎? 斯更出荀氏以情未善而言性未善之下也。然主性仁情鄙,故曰典型犹在也。

既知先秦两汉间说性情之定诂,则于《中庸》《大学》之义,尤易得其谛解。夫知喜怒哀乐所以言情,而喜怒哀乐藏焉谓天性,则《中庸》所谓"喜怒哀乐之未发谓之中",

其义即情未发谓之性。又《乐记》曰："人生而静,天之性也。"亦以情之未发言也。戒之于不睹不闻,极之于无声无臭、何思何虑,则《中庸》《易系》之说,固亦未足比孟氏,而况汉之人乎？昔人皆以好恶言情,而《大学》诚意,以"好好色、恶恶臭"言之,岂曰性善,此情亦善之说,视"若乃其情则可以为善"之说为尤进。吾往者论《大学》为姚江一派,以人欲即天理之说,于此益有以证明之。《乐记》、孟子犹未得窥《大学》之旨,而况汉之人乎？汉人固未足以尽孟氏之旨、知《大学》之微,然其见犹得与《乐记》《系辞》齐,谓概乎未之有见则非也。自宋以来,尊《乐记》《系辞》而轻视汉儒,是知二五而不知十,纬书更以妖妄鄙之,而未思是亦一时儒者之言,可以人而废言耶！后之言学者,好以董仲舒、扬雄、王充之徒概汉人,斯数子之所以自见于后人,实以其自异于当世,屏一世之恒说而创为奇辞,然恒者未必卑而奇者不必是。仲舒曰："圣人之性,不可以名性,斗筲之性,又不可以名性。名性者,中民之性。"则性三品之陋说也。扬雄曰："人之性也善恶混,修其善则为善人,修其恶则为恶人。"王充曰："论人之性,实有善有恶。"于孟、荀二氏之说,固未尝慎思而明辨之,姑为是调人持中之说,徒折中而无卓见以持之,斯其所以为一世庸妄巨子也乎！异哉！数子当时之所以异于一世者,正今日见其浅陋者矣。

因《齐诗》之说,推汉氏一代之言,然后知其说之谛而皆源于孟氏也。荀氏性恶之说,在汉固无有主之者,荀卿非十二子,韩婴录其文而削子思、孟子二家,荀所乐道之子弓,在汉未有称道之者,则汉儒之学,谓之源荀卿乎?抑谓之源孟子乎?寻其外王之说焉,寻其内圣之学焉,大体悉源于孟氏也。于是益知孟氏所系之重,而汉师之未可轻,则以相得而益彰也。昔之论今文者,徒知井地、颁禄、巡狩、封建诸说,汉之今文悉源于孟氏而别有大义,犹未之及,则《齐诗》五际之义。《孟子》书问汤放桀、武王伐纣,臣弑其君可乎,曰:"贼仁者谓之贼,贼义者谓之残,残贼之人,谓之一夫,闻诛一夫纣也,未闻弑君也。"此《孟子》书一大义也。"黄生以汤武非受命,乃弑也:冠虽敝必加于首,履虽新必贯于足,上下之分也。桀纣虽失道,然君上也;汤武虽圣,臣下也,主有失行,臣下正言,反因过而诛之,代立南面,非弑而何?辕固曰:不然,夫桀纣荒乱,天下之心皆归汤武,汤武因天下之心而诛桀纣,桀纣之民弗为使而归汤武,汤武不得已而立,非受命而何!"盖黄生不免阿世之言,而辕生为能守孟子之统。辕生传《齐诗》,其说即《诗》义也。《齐诗》之义有五际:卯酉之际为改政,午亥之际为革命。卯,《天保》也;酉,《祈父》也;午,《采芑》也;亥,《大明》也。《大明》者,牧野之事也,则辕固生之义本于是也。干宝传《京氏易》,而与三基六情之说相应,是《齐诗》《京易》同法,五际以午亥之际为革命,四始以《大明》在亥为水始。《易》曰:"龙战于野,其血玄黄。"干注曰:"爻终于酉,而卦成于乾,戌亥乾之都也,故称龙焉。郭外曰郊,郊外曰野,坤位未申之维,而气溢酉戌之间,故曰于野。文王之忠于殷,抑三二之强以事独夫之纣,祈殷命以济生民也;纣遂长恶不悛,天命殄之,是故至于武王,遂有牧野之事,是其义。"张惠言曰:"令升之注,仅存三十卦,而又不完,然其言文武革纣、周公摄成王者,十有八焉,是则以《易》为周家纪事之书,文武所以自旌其代也,斯正《诗·大明》在亥之事也。孙盛述《易》,本之干宝,其曰:古之立君,所以司牧群黎,若乃淫虐是纵,酷彼群生,则天人殄之,加其独夫之戮,是故汤武抗钺,不犯不顺之讥,汉高奋剑,而无失节之义,何者?诚四海之酷雠而神人之所摈故也。"是《京易》之传,犹《孟子》《齐诗》之说也。晚清之学,急于变法,故侈谈《春秋》张改制之说,而《公羊》之学显于一世,然改制之义才比于五际之革政,而五际革命之说未有能恢宏之者。友人钱宾四著论,颇致惜于龚定庵不知谈革命。夫一世方致力于《公羊》,自未足以至是,惜哉!《齐诗》之秘,当时未之能发也。干氏《晋纪·武帝革命论》曰:"帝王之兴,必俟天命,文质异时,兴建不同。故古之有天下者,柏皇、栗陆以前,为而不有,应而不求,执大象也;鸿黄世及,以一民也;尧舜内禅,体文德也;汉魏外禅,顺大名也;汤武革命,应天人也;高光征伐,定功业也。各因其运而天下随时,随时之义大矣哉!"干氏之《革命论》,即本诸《易》学,而其在

《易》，陈义特详。其《易注》曰："凡《易》既分为六十四卦，以为上下经，天下之事，各有始终，夫子又为《序卦》，以明其相承受之义，然则文王、周公所遭之运，武王、成王所先后之政，苍精受命长短之期，备于此矣。故曰：《易》穷则变，通则久。总而观之，伏羲、黄帝皆系世象贤，欲使天下世有常君也；而尧舜禅代，非黄农之化，朱均顽也；汤武逆取，非唐虞之迹，桀纣之不君也；伊尹废立，非从顺之节，使太甲思愆也；周公摄政，非汤武之典，成王幼年也：凡此皆圣贤所遭遇异时者也。夏政尚忠，忠之弊野，故殷自野以教敬；敬之弊鬼，故周自鬼以教文；文之弊薄，故《春秋》阅诸三代而损益之。颜回问为邦，子曰：行夏之时，乘殷之辂，服周之冕。弟子问政者数矣，而夫子不与言三代损益，以非其任也；回则备言王者之佐、伊尹之人也，故夫子及之焉。是以圣人之于天下也，同不是，异不非，百世以俟圣人而不惑，一以贯之矣。"此《晋武革命论》之根本义也。其苍精受命，而回为王者之佐比伊尹，则孔子素王而《春秋》损益三代，是一王大法也。颜渊问为邦，孔子告之损益三代，此近代论改制者所由取证也，而干宝之《革命论》于是取证焉，以禅让、征诛明三统之义，五际三基说亦犹是，革命之说不著，于是三世之说张皇一世，而五际之说独湮没而无闻，《京易》《齐诗》长为世之诟病，于是推翼奉之义，又通之于干宝，以明孟子之说，至汉晋而犹有传焉。严松问于梭山曰："孟子说诸侯以王道，行王道以崇周乎？行王道以得天位乎？"梭山曰："得天位。""岂教之篡夺乎？"曰："民为贵，社稷次之，君为轻。"象山曰："旷古以来，无此议论。"然自辕生以迄孙盛之徒，其说固未之或绝也。以性善之说窥内圣之微，以革命之说明外王之极，知仲舒之未及翼氏，而《公羊》之不敌《齐诗》，《齐诗》《公羊》之俦胥本之《孟子》，固无与于荀卿也。

原载1937年3月《论学》第三期

儒家哲学思想之发展

学无久而不变。西周及于秦汉，时已久矣，变亦多矣，参差异同之故，错纷杂出，先觉后觉，固有其揆之一，而辨说之际，词已多端，相反相成，名实交互，徒执一概之言，以合后先之说，则将以通之，适以窒之，将以明之，实以诬之，盖时移事殊，群言繁惑，或异名而同实，或异实而同名，是非之驳，牴牾之由，必先通其意、明其变，达各家之情，有以知异非异、同非同，而后能异所异而同所同。《诗》《书》、孔、孟以来之说，意歧义别者多已矣，其统绪一贯之承，将反在其词之参商隔越者欤！盖《诗》《书》与孔、孟言命同而实不同，孔与孟言性同而实不同，孟与荀言心同而实不同，荀与《易·系辞》《礼·大学》言意、言知同而实不同，通其旨而不滞其言，则有以知言或同而旨则异，欲寻其旨之同，乃正在言之异而不在其同也。譬之长江大河，放乎东海，虽首尾相属，然其间曲折易向固已百变，而曲折者，乃正其相属者也。况乎周秦之交，百家并起，以击以守,相荡相激,有所辨必有所惩,有所变必有所因,未有徒然者也。犹之水有所决,斯山有所析,流有所折,必岩有所阻,然后知洪涛骇浪,虽源夫滥觞,语其深广,则奚止倍蓰,倘因于百川者亦多耶! 后来之学,虽有所本,而量其广远,若益往而益宏,又非徒能变而已。先后之情,左右之故,可不察哉! 必纳后来之说于古训之中,曰斯皆先圣之传也,强合之以其所不可,非枉后贤,即诬先哲,斯论学之一大病欤! 既论两汉群儒性情定诂之实,反观周秦之说,若有以见其条贯者,因并述之。

《乾·彖》曰:"乾道变化,各正性命。"《中庸》曰:"天命之谓性。"命与性恒并言之,然《诗》《书》多言命罕言性。《大戴礼·本命》言:"分于道谓之命。"刘康公曰:"民受天地之中以生,所谓命也。是以有动作礼义威仪之则以定命也。"以道以中言命,此命之正义明诂。《召诰》曰:"节性惟日其迈,王敬所作,不可不敬德。"《王制》言:"司徒修六礼以节民性。"则古之所谓性,犹后世之言情,故曰节性。《大戴礼·文王官人》言:"民有五性,喜怒乐惧忧也。"是古言性之明诂也。《论语》言"畏天命",曰"知天命",曰"不知命无以为君子",此《大戴礼》、刘康公之所谓命也。曰"性相近也,习相远也",此《召诰》之所谓性也。孔子固尊命,其言性非若后之谓性,原始命性之说则然。始之言命性,犹后之言性情,此说之可求者。《周易》卦辞、爻辞言命不言性,命即后世所言之性也。惟古之哲学,恒依于宗教而不可分离,哲学中心思想之命,与宗教中心思想之命,亦混合而不分。故言命而死生夭寿吉凶之说随之。《召诰》曰:"若生子,罔不在厥初生,自贻哲命,今天其命哲、命吉凶、命历年。"吉凶、历年,此纯以宗教言。曰哲命,则以哲学言,所谓中、所谓道也。哲命即天与人之善性,而仁义德教之所由生。哲学之天与宗教之天亦然,在孔子每如是,孟或仍如是。若曰"富贵在天,死生有命",若曰"道之将行命也","吾之不遇鲁侯天也"是也。天与命之界说,既相杂而不清,故来墨子非命之讥。墨子言天志,志者若天有人格,因人之善淫,以降之殃祥,且寄视听于民以察伺之。志者谓可朝令而夕改,则不得有前定之论,此孟子以后言性而鲜言命,性之义一跃取命之实而代之,哲学亦离宗教而独立,子不语怪力乱神,亦是欲脱宗教而独立之意。孟子曰:"形色天性也。"《乐记》曰:"民有血气心知之性。"斯犹取旧所谓性而用之,味色声臭,性也;仁义礼智,命也(依旧义)。然性也而实与受天地之中以俱,则非徒形色也,故君子不谓之性;命也而即践形之极,命之必傅于血气之质,故君子不谓之命也。形上形下不可二,盖以恶夫告子"食色之性""牛之谓性"之说,以其滞于器而不知道,夫然而后性之新说起。

老聃以"仁义人之性欤"难孔子,此虽不必即孔老之事,要为道家之难儒家,则后之儒必思所以答老而申孔,然后始足以救儒。哲命之说既邻于宗教之谓,故儒者纷纷然起而言性。孟子曰"性善"、曰"义内",性非善、义非内,则仁义将失其根据,有率天下而祸仁义之忧,则倡性善之说有势之不容已者。《诗》曰:"天生烝民,有物有则,民之秉彝,好是懿德。"此固性善之义,三代之遗训。而性善之说则三古所未发,而孟子发之,时也,事之迫而然者也。子思先孟子作《中庸》,曰"天命之谓性,率性之谓道,修道之谓教"。则性非但形色也,即天之所以与我,是至善者也。率性之谓道,则仁义德教所从生,率性之性,已非节性之性也。戒慎恐惧,先有以养而无害,则喜怒哀乐无发而非中节之和,此已开性善论之端,而大本已立。孟子之学源于子思,而又以本心、良知之说发挥而光大之,此孟子之进于子思者。曰诚者不思不勉,而愚夫与知与能,则性无有不善。曰成己仁也,成物智也,性之德也,以仁智言性,不同孔子以前之言性而变为新说,自子思始,以下启孟子,此荀卿所由并罪思孟者欤!《论衡》言:"周人世硕,以为人性有善有恶,举人之善性养而致之则善长,恶性养而致之则恶长。宓子贱、漆雕开、公孙尼子之徒亦论性情,与世子相出入,皆言性有善有恶。"夫漆雕、宓子言性如此,而皆仲尼弟子,倘由性近习远之说以为是言。则性善之论,子思启之、孟子张大之审矣,而后论性之新说立。告子曰:"性无善无不善","性犹湍水,决诸东方则东流,决诸西方则西流,人性之无分于善不善,犹水之无分于东西"。告子之言亦归本于仁义,是亦儒者也。

盖告子之说实亦本之性近习远之义，世子以之言性有善有不善，告子以之言性无善无不善，斯皆据旧之所谓性以为言也。《孝经说》曰："命人所禀受度也，性者生之质。"惟旧之说如是，故告子亦曰："生之谓性。"性者生之质，然后有善有不善、无善无不善之说生。世子、告子是亦欲展开孔氏之说，而终无当于孔氏之心，惟子思、孟子为能易仲尼之说，而有以发仲尼之旨。《乐记》言性之义与《中庸》同，梁沈约谓《乐记》取《公孙尼子》，张守节亦云然。《意林》引《公孙尼子》云："乐者先王所饰喜也，军旅者先王所以饰怒也。"《初学记》引《公孙尼子》云："乐者审一以定和，比物以饰节。"语皆在今《乐记》中，则沈约所言有足信者。而《乐记》所言与世硕之旨颇异，《论衡》言宓子贱、漆雕开、公孙尼子论性情与世子相出入，是亦大概之辞，未必相同。公孙尼子为七十子弟子，与子思盖同时，子思《中庸》以"喜怒哀乐未发谓之中"言性，《乐记》以"人生而静，天之性也"言性，故工夫在"戒慎乎其所不睹，恐惧乎其所不闻，莫见乎隐，莫显乎微，故君子必慎独也"。以未发、以静言性，则性非徒生之质也。《大戴·本命》"分于道谓之命"，此已并命于性而言之，所谓取命之实一跃而代之者也。故曰"天命之谓性，形下实不离乎形上，器即宥于道之中，曰静，曰未发"，皆就形上以言也。而孟子以良知、本心、四端明性善，则皆就已发言之。"形色天性也"，即践形之谓圣人，则就动言之。此《中庸》《乐记》言之而未澈，至孟子乃推之于至精，此孟子之有进于子思者也。亦由《乐记》《中庸》据命以言性，曰静、曰未发，此天命之运于於穆者也，故子思、尼子之义则然。有子思而后可以启孟子，有孟子则置《中庸》《乐记》之说可也。公孙尼子言养气，孟子依之言养浩然之气，则又进于公孙也。《御览》引《公孙尼子》曰："君子怒则自说以和，喜则收之以正。"此可证《春秋繁露·循天之道篇》养气之说即《公孙尼子》之说，其书称公孙之养气曰："怒则气高，喜则气散，忧则气狂，惧则气慑，凡此十者气之害也，而皆生于不中和，故君子怒则反中而收之以正，忧则反中而舒之以意，惧则反中而实之以精。夫中和之不可反如此，故君子导至气则华而上。凡气从心，心，气之君也，何为而气不随也。"是孟子所谓"志至焉，气次焉"，即公孙尼子之说，由养气而进于养浩然之气，则孟氏之益远矣。

孟子曰"性善也"，"义内也"，则"人皆可以为尧舜"。而人之不为尧舜者比比，是安见其为性善？孟子则以心之实明之。本心也，四端也，良知良能也，以言其本，则"人无有不善，水无有不下"，"激而行之，可使在山，是岂水之性哉"？"口腹有饥渴之害，人心亦皆有害"，"陷溺其心，放其心而不知求"，"梏之反覆，其违禽兽不远矣"，岂人之性哉？"学问之道无他，求其放心而已矣"，"无为其所不为，无欲其所不欲"，则见"仁义礼智，我固有之"。明其本心，以反求其放心，虽"舍生而取义"可也，由存心而至于尽心,虽"贤于尧舜"可也,"我固有之",复何待于他求?此孟子之说所以为精为备者也。

统血气、心知以言性,统本心、放心以言心,则曰善可也,曰未善亦可也,此荀卿所由有性恶之说。孟子以本心言性善,荀卿之言性恶,实由其不知本心,而合本心、放心以言心,则徒见觉知之灵、云为之用,心无善则性亦无善也。夫卿之说既以性为恶也,则仁义乌乎出?故以性恶论荀卿之学,则不足以尽荀卿,卿学之所由立,在《解蔽篇》之言心。其言曰:"心者形之君也,而神明之主也,出令而无所受令,故口可劫而使墨云,形可劫而使诎申,心不可劫而使易意,是之则受,非之则辞。"斯荀氏之说亦美矣,受是辞非之旨,与孟子"是非之心人皆有之"之旨同乎?曰不同。孟子曰本心、曰良知,此是非之心,斯"天之所以与我者",不学不虑而资焉以立仁义者也。荀卿曰:"心不可以不知道,心不知道,则不可道,而可非道。"于是知卿所言之心非本心,而实并放心言之。则其所谓心,惟觉知之明,无德性之实。夫本心者,道之所由生,舍是心则道乌乎本,此率天下而祸仁义之说也。曰:"人何以知道?曰心;心何以知?曰虚壹而静。心未尝不藏也,然而有所谓虚,心未尝不满(杨注:"满当为两。"是也)也,然而有所谓一,心未尝不动也,然而有所谓静。""虚壹而静,谓之大清明,万物莫形而不见,莫见而不论,莫论而失位。明参日月,大满八极,夫是之谓大人。"荀氏不信本心之善,而疑心之不足恃,必先有以理其心、解其蔽,然后可以察万物而稽治乱。荀卿之学,于是乎入于道家之学也。其引《道经》曰:"人心之危,道心之微。"荀氏宗《道经》,杂人、道于一心以言心,宜其自疑其心之不足以出仁义,必先虚静以持之,而后察物明。孟子以本心为善之所由生,放其心而后求,荀氏先持之以虚静而后理可察。其视孟子则本体工夫为倒置也。毫厘之差而致千里之隔,故又曰:"则广焉能弃之矣,不以自妨也,不少顷干之胸中,不慕往、不闵来,无邑怜之心,当时则动,物至而应,事起而辨,治乱可否,昭然明矣。"此有似告子之不动心,所谓"不得于言,勿求于心"者也。若孟子之不动心,则曰:"以直养而无害,是集义所生,行有不慊于心则馁。"惟其本于四端万善之心,行而慊于心,斯所谓集义也,不慊于心则害也,直养者复其心之本焉耳。夫如是然后可言"心勿忘,勿助长",此阳明所谓"釜有所烹,然后见不及也则谓之忘,见过也则谓之助,故必先曰必有事焉"。荀氏不以心之具四端万善者言心,则徒洞洞烛烛之心,而曰"不慕往、不闵来",此真阳明所讥空釜之煮。荀卿之所事,正老氏所谓"希夷",而庄生之所谓"死灰"者也。斯胥由荀氏不知本心之良,并人、道以言心,徒见洞洞烛烛之心灵,而未见至赜不乱之心理,罗整庵所痛悔致力于心之灵而非性之理者,正以此耶!于是孟子之学有本,而荀氏之学为无本也。荀氏所谓之心,与孟子所谓之心,名则同而事则异。惟其不知性之本善、知之本良,所由孟子养心主于勿害其直,荀氏养心主于勿蔽其明。勿蔽其明,然后足以"化心"而"起伪",知荀氏之所谓明,亦空无之影,而非恻隐辞让之实。刘子政难性恶曰:"则人之为善安从生?"斯真一语而破的者欤!惟荀卿徒知洞洞烛烛虚明之心,而不欲少顷干之,故曰:

> 人心如槃水,正错而勿动,则湛浊在下而清明在上,则足以见须眉而察理矣。微风过之,湛浊动乎下,清明乱于上,则不可得大形之正也。心亦如是矣,故导之以理,养之以清,物莫之倾,则足以定是非、决嫌疑矣。小物引之,则其正外易、其心内倾,则不足以决庶理矣。故好书者众矣,而仓颉独传者壹也;好稼者众矣,而后稷独传者壹也;好乐者众矣,而夔独传者壹也;好义者众矣,而舜独传者壹也。自古及今,未有两而能精者也。

斯言也,以明其虚壹而静之旨,若有合于"主一无适"之训,然实异其理也。夫人心未尝不动也,而欲以静持之,此道家之谬矣。其曰:"心未尝不动也,然而有所谓静。"颇似于《易传》"寂然不动,感而遂通天下之故"之说,而又不然,静以言心之体,动以言心之用可也,然体之静非我可得而动之,用之动非我可得而静之,荀氏欲措心于用不动,得乎?不得乎?故其说似《易传》而大非也。荀氏曰:"空石之中有人焉,其名曰觙,其为人也善射以好思,耳目之欲接则败其思,蚊虻之声闻则挫其精,是以辟耳目之欲而远蚊虻之声,闲居静思则通。思仁若是,可谓微乎?"此正荀氏之入于道家也。《易》曰:"闲邪存诚。"诚者我所固有,闲邪而诚自存,故孟子亦尝言养心、养气也。而养之方则无以饥渴之害为心害,毋之梏亡而已也,此孟子之养气也;寡欲,此孟子之养心也。若荀氏者,必将无欲而后已,欲无已欲也,闻无已闻也,荀氏养心之说,于是视孟子之说若尤精而实大粗,则已远于孔子之传,而入于老氏之域。荀卿言必称仲尼、子弓,当即楚人传《易》之馯臂子弓,此南方道家之流,而传子木之学。荀卿道家之旨,当即得之于子弓者。《庄子·天道篇》:"万物无足以铙心者故静也,水静则明烛须眉,平中准大匠取法焉。夫虚静恬淡,寂寞无为者,天地之平而道德之至,故圣人休焉。伏则虚,虚则实,实则伦矣。虚则静,静则动,动则得矣。"曰伦、曰得,庄生之言亦美矣,而终不足明庶物、察人伦,荀卿曰虚、曰静,于是庶物明、人伦察而仁义立,此又荀学出于道家而高于道家者也。荀之《天论》《礼论》《性恶》皆邻于申商之途,而其所以立仁义者,实又出于老庄之旨,盖明不足以知孔孟之微,而徬徨以乱采索之旨,激而攻难孟氏之义,亦可哀也。由荀学言之,则宋明诸儒之知孟子者盖寡,其不陷于荀氏之论者无几,则亦阳孟而阴荀者欤！后之随声而言孟荀者，斯亦盲人而语日星之类也。

孟子以本心明性善，而并言放心，夫心固如是也。荀卿并人心、道心以言心，不知心之本善，遂以言性之恶，其祸仁义有过于世硕、告子者，斯固儒者之大忧也。苟徒断断以争性善，而于人、道之皆出于一心，实无以易之，则仍曰性、曰心云者，其终不足以服荀卿而明儒者之学、护孟子之义，亦势也。斯后之儒不可不思所以易其说，而《礼·大学》出焉。《大学》者，后荀卿而张孟子者也，曰止、曰静、曰虑、曰得，皆荀卿揭櫫以论者也，曰"心有忿懥、恐惧、好乐、忧患，则不得其正"，此荀氏所由汲汲于解蔽而倡虚壹而静、养之以清者也。曰"心不在焉，视而不见，听而不闻，食而不知其味"，此正荀卿所谓"心不使焉，则白黑在前而目不见，雷鼓在侧而耳不闻"。斯即依荀氏之所以言心者以言心，则心之必有待于正。而曰"欲正其心者先诚其意"，意者心之动，几先而微者也，正孟子之所谓本心、乍见孺子之心也，岂惟爱亲敬兄者是，好好色、恶恶臭者亦是，不屑不顾者是意，为宫室妻妾则非意也，是放心也。"所欲有甚于生，所恶有甚于死"，著于意而不容已焉，夫然后"由是则生而有不用也，由是则可以辟患而有不为也"，夫是之谓诚意，意诚则自慊，好恶者昔人之所以言情，以好恶而明仁义之所由生，岂曰性善而情亦善。森然于中而不容自欺者意也，此"诚者天之道也"。"勿自欺"，斯为诚意，此"思诚者人之道也"，以言乎"舍生取义"

则尚可容舍择于其间,知与行犹为二,此王充所由难陆贾"虽能察之,犹背礼叛义"以疑性善者也。以言"好好色、恶恶臭"则无所容于舍择,而知行已合一,视荀言"心容其择也,无禁必自见",不啻已霄壤之殊乎?然曰心、曰意、曰知、曰物,亦荀卿揭櫫以论者也。荀卿曰:"心不可劫而使易意,是之则受,非之则辞。"推心以及于不可易之意,亦荀之言也,而荀氏于心必养之以虚静,是已自疑其好恶之不必于中节。《大学》则信意之可依以为仁,意无有不正,意本而心末,意诚而心正也,尚何待于养!惟不自欺已耳,此《大学》之绝异于荀卿者也。荀卿必养之以清,此荀卿之自诬其意也。荀氏曰:"欲不待可得,而求者从所可。欲不待可得,所受乎天也,求者从所可,受乎心也。人之所欲生甚矣,人之所恶死甚矣,然而人有从生成死者,非不欲生而欲死也,不可以生而可以死也。故欲过之而动不及,心止之也,心之所可中理,则欲虽多奚伤于治;欲不及而动过之,心使之也,心之所可失理,则欲虽寡奚止于乱。故治乱在心之所可,亡于情之所欲。"孟子以"所欲有甚于生,故舍生而取义",取义亦欲也,是亦"是之则受非之则辞"之意而已。荀子于"从生成死",不以为依于欲、本于意,而曰"在于心",心又不可恃,又待先养之以清,故曰"心何以知道,曰虚壹而静",此荀子不知意为本而求之心,心不可以为本,又先之以清,而后心可以察理审、观物明。此孟之说径而切、荀之说隔而疏,《大学》之即诚意而心正,为善发孟子、为能宗孟子者也。孟子说"气也而反动其心",以言乎心则有动,以言乎意则不易,此正《大学》之宗孟子而有进于孟子,用荀卿而善拨荀卿者也。卿之言学亟重于知,曰:"凡以知,人之性也,可以知,物之理也。"荀之学既不知本心之所以生礼义,自必先明其心,澄其知,以求察于物理,故曰"观物有疑,中心不定,则外物不清,吾虑不清,则未可以定然否也。"又曰:"心枝则无知。"荀氏必以理之在物,而不在于心,欲不枝其心,壹其心,以精其知,此真告子义外之见也。告子曰:"彼长而我长之,非有长于我也,犹彼白而我白之,从其白于外也。"此观物以定然否之论也。孟子曰:"不识长马之长也,无以异于长人之长与?且谓长者义乎?长之者义乎?"正所谓"考其善不善者,于己取之而已"。荀氏之学察理于物,故惧心有所倾、知有所蔽,而清虚之功为先。《大学》以礼义即生于吾意之好恶,皎皎于中,自不容有所蔽,复何事于清虚。孟子依不屑不顾之实以言心,而荀之言心徒以知觉虚灵之用也。《大学》以好好色、恶恶臭言意,意诚而心正。荀既以受是而辞非言意,又必先有以理其心,而后意之是非可道,则亦徒知意之作用,而不以意之好恶即天与之善,是荀言意之不同于《大学》,亦犹其言心之不同于孟子,此《大学》之能发孟子之微意也。《大学》诚意之功曰"慎独","自慊""慎独"者,思孟之要旨,明而毕具于斯,此《大学》之能得思孟之统者乎?《大学》言意,知者意之知,而物者意之物,知与物无或离,故好与恶无或泯,以知接物而好恶者意,一格物而知已致、意已诚、心已正,本自一事,一了俱了。若荀氏之说,则理在物而未易知,意诚也而物未必格。《大学》为好恶之知,而荀卿为明察之知,此正阳明所谓德性之知与闻见之知,是所谓知者又不同,此《大学》用荀氏而义又异于荀氏者也。

《易·系辞》曰:"颜氏之子,其殆庶几乎?有不善未尝不知,知之未尝复行也。"《易·系辞》《礼·大学》,其言足相表里,"未尝不知",知之体然也,此颜氏之子与众人同,故"小人厌然揜其不善而著其善",以"不善未尝不知"也。物格而知致、意诚,则颜氏之好学所由与众人异也。"未尝不知",则不容自欺之体,夫岂有所蔽。知而复行,非知之罪也;虽复行而已则未尝不知,知不可蔽,意不可易也。此《礼·大学》《易·系辞》言知之足以发孟子而大异于荀氏者也。《系辞》曰:"一阴一阳之谓道,继之者善也,成之者性也。仁者见之谓之仁,智者见之谓之智,百姓日用而不知。"惟其继之者善也,日用而不知,所以有不善未尝不知也。惟继道者为天与之善,天与之善,道也,而不离乎器之外,惟性惟能成之。外形色而善亦无由见,此《系辞》之最善说孟子者也。未发之善,惟已发之性足以成之,此其同孟子而不同《中庸》者也。曰"形而上者谓之道,形而下者谓之器",此正子思、孟子以来言性所欲发而未得者,《系辞》乃明言之,此其所以为卓绝精微者耶?

道家以有形为粗迹,荀氏聆其说,故有"己为物役""重己役物"之论,正由不知形上形下之无间,儒家之高于道家,孟子之高于荀卿,端在此耳！自思孟言性、言心,以至是之言意、言知,而又一变。苟形上形下之论先出者,则孟子之说已畅,无由再滋荀氏之惑也。思孟之性善义,至《系辞》形上之说而后澈,言意、言知之论明,则无待于虚静之功。儒家思想,至《礼·大学》《易·系辞》已阐发尽致,由墨翟非命以来而有《中庸》《乐记》之言性,由荀卿性恶以来而有《大学》《系辞》之言知,由惠施言"天地万物一体",庄子取之以言"齐物",孟子取之以言"万物皆备于我",而有《系辞》之言形上形下,形上形下之说明,此晚周儒学演进之程也。而继善成性之说立,孟子性善之论亦定,义益出而益精,由宋及明,极精于姚江之流,不是过也。宋人不解《大学》,故改定之本纷纷。由姚江之后言之,《大学》旧本固坦然明白,改定之本反有害其精辟浑成者也。

伏生《尚书大传》曰:"心之精神是谓圣。"夫放其心、失其心者,此不尽其心者也。心之精神则尽心也,此足以阐明孟子之说。陆贾之书曰:"天地生人也以义理之性,人能察己,所以受命则顺,顺之谓道。"此犹诵法《中庸》之言也。秦汉之间,学犹未坠。刘子政曰:"性生而然者也,在于身而不发；情接于物而然者,出形于外。"盖伏、陆之后,儒学渐昧,孟子之精深为庸庸者所不能知；而荀卿之偏激,又非其所愿,于是依公孙尼子之说,以立性善而情不必善之论。一世儒学,大抵若是。漆雕、宓子,未必即与世硕同符,要与公孙之徒,论不相远,谅在晚周,此说为盛,两戴记足见也,故在汉亦然。庸庸之论固未精,亦无大过,持之以语中人,斯亦足矣。亦所谓荀子才高其过多,扬雄才短其过少耶!是皆眩于孟荀之辩,而无卓绝之识以持之,此《乐记》以来庸庸之论所以独盛者也。子政之徒,皆憎夫荀卿之说,而未足以破之;依乎孟子之说,而又未足以明之;故终始于公孙氏之言。世硕、告子、扬雄、王充,乃纷纷以荀孟争言之性,求质于孔子之言性,而不思孟荀所谓性,与孔子所谓性,名同而实不同,猥以孔子为最卓,以孔子操之质,求谳思孟以来之讼,斯以诬孔而已。得罪于圣人而不自知,纷纷诵说而不舍,皆世硕以来之罪也。不知孔孟之性名同而实不同,又以孟子之义强通孔子之言,此又自宋以来之惑也。由是观之,惟思孟为能尊仲尼,惟《大学》《易·系辞》为能发孟氏,所谓以心不以迹,在得不在同者也。论儒其秦汉之交,其精在曰"知"、曰"意",陆、伏亦尚未失其宗,二生后之言性,真自桧之无讥,彼之言意、言知,盖骐骥已日进乎千里,此则尚守公孙氏之陈言,又妄引孔子以为重,驽骀之质,又何责焉,斯则在汉师儒之罪也。

原载 1937 年 4 月《论学》第四期,与《儒学五论》所收者有所不同。

儒家政治思想之发展（讲义本）

儒家莫伟于孔氏，而张大于孟、荀，嗣是惟章句之庸，谶纬之妄，若黯淡无足观。噫，岂果若此而已哉！以微言大义相高者，则又推挹董生、颂法《公羊》，谓中古以还，舍此无可道。然仲舒所论，讵足以尽秦汉儒学之宏耶！事不孤起，德有其邻。空持素王新周之说，而不详《齐诗》《京易》革命之旨，则不免非常可怪之讥；不考礼家之新制，以极于《书》家之明堂，已大异成周之旧轨，则一王大法终属徒言。不以众家之说辅《公羊》，惟以董、何之义概说群经，是欲以尊之，适以窒之，斯皆不解儒家政治思想之发展，不求历史迁革之远迹，正厚儒而不知其道之罪，而岂侮儒毁经者之过欤！

《齐诗》言"五际"、言"四始"，以"改政""革命"为依归，而原本于孟、荀，舍是则"王鲁""素王"之说无所谓。《孟子》书问："汤放桀、武王伐纣，臣弑其君可乎？"曰："贼仁者谓之贼，贼义者谓之残，残贼之人谓之一夫；闻诛一夫纣也，未闻弑君也。"《荀子》书："世俗之为说者曰：桀、纣有天下，汤、武篡而夺之。是不然。以桀、纣为尝有天下之籍则然，天下谓在桀、纣则不然。有天下之后也，势籍之所在也，然而不材不中，内则百姓疾之，外则诸侯叛之，甚者诸侯侵削之、攻伐之，若是则虽未亡，吾谓之无天下矣。圣王没，天下无君，诸侯有能德明威积，海内之民，莫不愿得以为君师。然而暴国独侈安能诛之，必不伤害无罪之民，诛暴国之君，若诛独夫。若是则可谓能用天下矣，能用天下谓之王。汤、武非取天下也，修其道，行其义，兴天下之同利，除天下之同害，而天下归之也。桀、纣非去天下也，乱礼义之分，积其凶，全其恶，而天下去之也。天下归之之谓王，天下去之之谓亡，故桀、纣无天下而汤、武不弑君。"孟、荀以桀、纣为一夫，而汤、武不弑，其言凛凛其严而昭昭其晰也。然在汉代，世俗之说犹未熄。黄生以："汤、武非受命，乃弑也。冠虽敝，必加于首，履虽新，必贯于足，上下之分也。桀、纣虽失道，然君上也；汤、武虽圣，臣下也；主有失行，臣下不正言匡过以尊天子，反因过而诛之，代立南面，非弑而何？"辕固曰："不然，夫桀、纣荒乱，天下之心皆归汤、武，汤、武因天下之心而诛桀、纣，桀、纣之民不为之使而归汤、武，汤、武不得已而立，非受命而何？"盖黄生不免世俗之言，而辕生为能守孟、荀之统。辕生传《齐诗》，其说即本《诗》义也。《齐诗》之义有五际："卯酉之际为改政，午亥之际为革命。卯，《天保》

也;酉,《祁父》也;午,《采芑》也;亥,《大明》也。"《大明》者,牧野之事也,则辕固生之义本于是也。干宝传《京氏易》,而与"三基""六情"之说相应,是《齐诗》《京易》同法。五际以"午亥之际为革命",四始以"《大明》在亥为水始"。《易》曰:"龙战于野,其血玄黄。"干注曰:"爻终于酉,而卦成于乾。戌亥,乾之都也,故称龙焉。郭外曰郊,郊外曰野,坤位未申之维,而气溢酉戌之间,故曰于野。文王之忠于殷,抑三二之强以事独夫之纣,祈殷命以济生民也。纣遂长恶不悛,天命殛之,是故至于武王遂有牧野之事,是其义。"张惠言曰:"令升之注,仅存三十卦,而又不完。然其言文武革纣、周公摄成王者十有八焉,是则以《易》为周家纪事之书,文武所以自旌其伐也。"张氏其言虽有失,然适足以明《京易》之义,斯正《诗·大明》在亥之事也。孙盛述《易》,本之干宝,其曰:"古之立君,所以司牧群黎,若乃淫虐是纵,酷彼群生,则天人殛之,加其独夫之戮。是故汤、武抗钺,不犯不顺之讥;汉高奋剑,而无失节之义。何者?诚四海之酷雠,而神人之所摈故也。"是《京易》之传,犹孟、荀、《齐诗》之说也。晚清之学,急于变法,故侈谈《春秋》,张改制之说,而《公羊》之学显于一世。然改制之义才比于五际之革政,而五际革命之说,未有能恢宏之者。友人钱宾四著论,颇致惜于龚定庵不知谈革命,夫一世方致力于《公羊》,自未足以至是。惜哉,《齐诗》《京易》之秘,当时未之能发也。干氏《晋纪·武帝革命论》曰："帝王之兴，必俟天命，文质易时，兴建不同。故古之有天下者，柏皇、栗陆以前，为而不有，应而不求，执大象也；鸿、黄世及，以一民也；尧、舜内禅，体文德也；汉、魏外禅，顺大名也；汤、武革命，应天人也；高、光征伐，定功业也。各因其运而天下随时，随时之义大矣哉！"干氏之《革命论》，即本诸《易》学，而其在《易》陈义特详。其《易注》曰："凡《易》既分为六十四卦，以为上、下经，天人之事，各有始终。夫子又为《序卦》，以明其相承受之义。然则文王、周公所遭遇之运，武王、成王所先后之政，苍精受命长短之期，备于此矣。故曰：《易》穷则变，通则久。总而观之，伏羲、黄帝皆系世象贤，欲使天下世有常君也。而尧、舜禅代，非黄、农之化，朱、均顽也；汤、武逆取，非唐、虞之迹，桀、纣之不君也；伊尹废立，非从顺之节，使太甲思愆也；周公摄政，非汤、武之典，成王幼也。凡此皆圣贤所遭遇异时者也。夏政尚忠，忠之弊野，故殷自野以教敬；敬之弊鬼，故周自鬼以教文；文之弊薄，故《春秋》阅诸三代而损益之。颜回问为邦，子曰：行夏之时，乘殷之辂，服周之冕。弟子问政者数矣，而夫子不与言三代损益，以非其任也。回则备言，王者之佐、伊尹之人也，故夫子及之焉。是以圣人之于天下也，同不是，异不非，百世以俟圣人而不惑，一以贯之矣。"此《晋武革命论》之根本义也。其苍精受命，而回为王者之佐比伊尹，则孔子素王而《春秋》损益三代，是一王之大法也。颜渊问为邦，孔子告以损益三代,此近代论改制者所由取证,而干宝之《革命论》于是取证焉。以禅让、征诛明三统之义,五际、三基说亦犹是。革命之说不著,于是三世之说张皇一世,而五际之说独湮没而无闻;《京易》《齐诗》长为世之诟病,推翼奉之义通之于干宝,以明孟、荀之说,至汉晋而犹有传焉。严松问于梭山曰:"孟子说诸侯以王道,行王道以崇周乎?行王道以得天位乎?"梭山曰:"得天位。""岂教之篡夺乎?"曰:"民为贵,社稷次之,君为轻。"象山曰:"旷古以来无此议论。"然自辕生以迄孙盛之徒,其说固未之或绝也。此《齐诗》《京易》足以明《公羊》所未备,而翼奉、干宝识超于董生远矣。素王之说本于革命,"周道不亡,《春秋》不作,《春秋》作而后君子知周道之亡"。则《春秋》作而王鲁、新周可也,素王可也。革命之说不张,孤言素王,则不免于非常可怪之消。然素王之说又自有义焉。《墨子书·公孟篇》公孟谓子墨子曰:"昔者圣王之列也,上圣立为天子,其次立为卿大夫,今孔子博于《诗》《书》、察于《礼》《乐》,详于万物,若使孔子当圣王,则岂不以孔子为天子哉?"盖墨子之说,主于选天下之贤可者立以为天子,又选择天下之贤可者立之以为三公。墨家"以巨子为圣人,皆愿为之尸"。巨子固墨家之圣而宜为天子者。墨家既立巨子,故公孟子因之有孔子为天子之说。章枚叔以公明高、公孟子高、公羊高为一人,则墨书之公孟子即公羊子。素王之说出于《公羊》,固即以墨家之有巨子。世人闻巨子则乐道之，闻素王则疑之，可谓知类乎？《公羊》《齐诗》之说，本自同源，离之则两晦。《陈留风俗传》云："园廋字宣，明《公羊春秋》，为秦博士。"园又作圈作辕，园宣明《公羊》，而辕固明《齐诗》，犹伏胜明《尚书》，而其后伏理以下为《齐诗》伏氏学。《叔孙通传》言："二世召博士诸儒生，问楚戍卒攻陈，博士诸生三十余人前曰：'人臣无将，将即反罪，死无赦。'"臣瓒曰："《公羊传》曰：'君亲无将，将而必诛。'"知此以《公羊》义对者，正于时园廋以《公羊》为博士也。革命、素王之义，如车二轮，《齐诗》《公羊》合而后备，本出一源，岂二致哉？仲舒立说亦能明此。董书言："儒者以汤武为至圣大贤也，今足下以汤、武为不义，何也？天之生民，非为王也，而天立王以为民也。其德足以安乐民者天予之，其恶足以贼害民者天夺之。封泰山、禅梁父，易姓而王，德如尧、舜者七十二人。天子者天之所予也，其所伐者天之所夺也，今唯以汤、武之伐桀、纣为不义，七十二王亦有伐，推足下之说，将以七十二王为皆不义也。今桀、纣令天下而不行，禁天下而不止，安在其能臣天下也？果不能臣天下，何谓汤、武弑？"董氏之义，亦同辕生，所谓"汤、武革命，顺天应人"者也。而眭孟称先师董仲舒有言："虽有继体守文之君，不害圣人之受命。"自董生变易姓之事为继体之君，于汤、武革命漫曰"三代改制"，则仅当于五际改政之义耳。于是改制之说起，而革命之论淆，至晚近谈变法而旨益隘。董生变其所学,以委曲于汉,固无以愈于公孙弘之阿世,然儒术遂行,儒显而道以晦,独非董生之咎哉？《春秋》代周之义不著,而素王遂来可怪之讥。所谓"天子之事""经世之志",暗而不宣、渺茫不可究。故曰不以《齐诗》《京易》明《春秋》,则《公羊》失其义据;不以《礼》家之说辅《春秋》,则"一王大法""为汉制作"为徒言。"殷因于夏礼,所损益可知也,周因于殷礼,所损益可知也,其或继周,百世可知。"继周,舍数度云为之实,将何以哉？必也晓于礼家之新制,绝非周人之旧规,一王大法之义明,而素王受命之旨显。盖损益四代,俨同新王,修齐治平,不为虚语。知乎周之为周,自有以见儒之为儒。辑比异同,然后明儒家政治思想之深远,托为制度之恢宏,而素王之说、革命之义,殆为事之不能已者,非常异义可怪之论,如砥如矢,庸足怪耶！爰辑礼文以当质验。

先言井田 孟子谓:"夏后氏五十而贡,殷人七十而助,周人百亩而彻。"又曰:"由此观之,虽周亦助也。"是孟子之说,先后难谐。孟子曰:"治地莫善于助。"又曰:"请野九一而助,国中什一使自赋。"则孟子之意,又难谐也。夫滕壤地褊小,绝长补短,将五十里,而孟子既谓治地莫善于助,乃欲五十里之国,彻助并行,国野异制,是果何说哉？乃考之《周官》,乃知其意符孟子。《周官》之言造都鄙也,小司徒经之,其职云:"乃经土地而井牧其田野。"郑氏注《礼》,则主以国中当乡遂用贡,而野当都鄙用助。则孟子之意，固与《周官》之旧无所于别也。大司徒之职："五人为伍……五师为军，军万二千五百人。"出于乡，家一人也。六乡而六军，大司马之职所谓"王六军"者也。《周官》建学，亦止于六乡。六乡者彻之所行，即军之所出，又为建学以登庸焉。野则助之行，不出兵，不建学。此无他，周既克殷，周人居国中，而放逐殷人于野耳。周世用彻法，自公刘而"彻田为粮"，于夏殷之世已然也。殷则世用助法，既丧其国家，退居于野，尚仍其助法焉。入周而不改，此所以"虽周亦助"耶！又曰："将为君子焉，将为野人焉，无君子莫治野人，无野人莫养君子。"君子为统治阶级，野人则被统治者也。又曰："方里而井，井九百亩，其中为公田，公事毕然后敢治私事，所以别野人也。"是井田所在者野人，则彻法所行者为君子。夫越有"君子六千人"者兵士也，楚有"都君子王马之属"亦兵士也，此何异秃发高欢所谓鲜卑任战伐而"汉人为汝作奴，夫为汝耕，妻为汝织"者乎？郑氏注《载师》云："周税轻近而重远。"此即轻周而重殷耳。管子治齐，见诸《国语》者，事亦犹然，皆以见周之旧制莫之或异也。自秦开阡陌，急于富强，荀卿言其"五甲首而隶五家"，盖《韩非子》所谓"富贵皆出于兵"也。于是有"父子低首奴事富人，躬率妻孥为之服役"者也。夫周则贵贱之悬殊，秦则贫富之迥绝，而《公羊》家之言井田则又异。何休谓："一夫一妇，受田百亩，公田十亩，八家而九顷，共为一井，十井共出兵车一乘。一里八十户,中里为校室。"包氏解《论语》云:"千乘之国者,百里之国也。"夫然,则今文家所论井田,通国皆助,通国出兵出车,亦通国立学,而君子野人之隔泯矣。则今文家之论井田,既以夷周人贵贱之殊,亦以绝秦人贫富之辨。则所谓一王大法者,岂非鉴于二代之弊,而特立一尽善之治哉!则今文之为哲学,固不足疑,不可与周制同日而语也。

周之井田,与今文说之井田,又有其异者。《地官·比长》:"徙于国中及郊,则从而授之,若徙于他,则为之旌节而行之;若无授无节,则唯圜土内之。"郑注:"乡中无授,出乡无节,过所则呵问,系之圜土。圜土者狱城也。"此为周之农民不得自由离开土地。《地官·邻长》亦云:"徙于他邑,则从而授之。"此六乡六遂之人不得任意迁徙,而官为管理之,否则收之狱中。故《周语》曰:"犹散迁懈慢,而著在刑辟,流在裔土,于是乎有蛮夷之国,有斧钺刀墨之民。"是散迁有罚,懈慢亦有禁也。《周语》又言:"土不备垦,辟在司寇。"又言:"王则大徇,耨获亦如之。民用莫不震动,恪恭于农,修其疆畔,日服其镈,不解于时。"其监农之急也。孟子曰:"死徙无出乡,乡田同井。"惟农民不得离其土,故为农奴。以土地与人民,同为君主之财产也。"王者始起,封诸父昆弟,示与己共财之义,故可以共土也。"故封建者,分财之说也。《左氏》定四年传:"成王分鲁公以殷民六族,分康叔以殷民七族,聃季授土,陶叔授民。"授土授民，以土与民皆所分之财也。故人民不得离其地、不得息其时。《礼·王度记》曰："有分土，无分民也。"是非周初之意，而为后来儒者之说。"民咸归乡里，户益息。"此今文家之井田，民可与土相离；得离其土，则非农奴。谷永之说曰："方制海内，非为天子，列土分疆，非为诸侯，皆以为民也。"则非共财共土之意也，而先后井田封建之意别也。

次言辟雍 《今古学考》言："《射义》：天子射以选诸侯、卿、大夫、士。古者天子之制，诸侯贡士于天子，试之于射宫，射中多者得与祭，云云，及庆赏益地削地之说，全与《穀梁》《大传》《繁露》等书同，此今学也。古学则不贡士，皆世官，亦不以射为选举。"廖师以今学为孔作，为新制，古学为从周，为旧规。此以《射义》所陈为改制，《周礼》世官为史迹，如犀分水，泾渭判然。乃汉师以降，于斯二者必牵合言之，纷不可理。若选举、学校，三代大同，儒之为儒，真所谓其言皆粪土也。今专就《周官》考之，不取注说，则周代学惟贵游，不及民庶，乌有选士之制？然后见廖师之说为不可易，而二千余载之经说，真长夜梦梦也。《地官·师氏》："掌以媺诏王，以三德教国子，居虎门之左，司王朝，掌国得失之事，以教国子弟，凡国之贵游子弟学焉。"《保氏》："掌谏王恶，而养国子以道，乃教之六艺，教之六仪。"郑注："国子，公卿大夫之子弟，师氏教之，而世子亦齿焉。"《春官·大司乐》："掌成均之法，以治国之学政,而合国之子弟焉。凡有道者、有德者使教焉。以乐德、乐语、乐舞教国子。"郑注:"国之子弟,公卿大夫之子弟当学者,谓子国子。"此《周官》师、保、成均之教,入学者以贵游子弟为限也。大司徒之职:"令五家为比,五比为闾,四闾为族,五族为党,五党为州,五州为乡……以乡三物教万民而宾兴之:一曰六德,二曰六行,三曰六艺。"乡大夫之职:"正月之吉,受教法于司徒,退而颁之于乡吏,使各以教其所治,以考其德行、察其道艺,而兴贤者能者。乡老及乡士夫群吏献贤能之书于王,退而以乡射之礼五物询众庶,此谓使民兴贤,出使长之,使民兴能,入使治之。"州长:"正月之吉,各属其州之民而读法,以考其德行道艺而劝之……春秋以礼会民而射于州序。"党正:"以礼属民而饮酒于序,正岁属民读法,而书其德行道艺。"族师:"月吉则属民而读邦法,书其孝弟睦姻有学者。"此六乡之制,族凡百家,族师书其有学者;党五百家,党有序,党正书其德行道艺;州二千五百家,州有序,州长考其德行道艺;乡万二千五百家,乡大夫三年大比,考其德行道艺,而兴贤者能者。此德行道艺之士,党正书之,州长考之,乡大夫宾兴之。秦蕙田言:"古者取士于乡有二法,一则由乡而升之司徒,而升太学,学成然后用之,《王制》所谓造士是也。一则三年大比,兴其贤能,直达于王,不复令入国学,《周礼》所谓宾兴是也。"是《周官》州党之序,六乡之士,不复入成均,而师氏、保氏所教,止于贵游国子,秦氏已明见及此也。至秦氏谓"六遂之学与乡同",则大不然。《地官》曰:"遂人掌邦之野,五家为邻,五邻为里,四里为酂,五酂为鄙,五鄙为县,五县为遂。"由遂师、遂大夫、县正、鄙师、酂长,无庠序之文,无考校宾兴之说,皆言各掌其政令。由乡师、乡大夫、州长、党正,皆言各掌其教治政令,族师言掌其戒令政事,则六遂与六乡之族师以下,皆不言教,则其无学可知也。六乡大比,宾兴贤能;六遂大比,则行诛赏。乡、遂二者,治绝不同,言六遂以下有学者,经师之过也。刘彝言:"古者乡学教庶人,国学教国子;乡学所升,不过用为乡遂之吏,国学所升,则命为朝廷之官;此乡学、国学教选之异,所以为世家、编户之别。"是其区辨世庶,厘然不惑,而乡遂之异,则犹未及论。甚哉,论礼之不晰亦久矣。

《王制》言:"命乡论秀士升之司徒,曰选士,司徒论选士之秀者而升之学,曰俊士。升于司徒者不征于乡,升于学者不征于司徒,曰造士。乐正崇四术,立四教,顺先王《诗》《书》《礼》《乐》以造士,春秋教以《礼》《乐》,冬夏教以《诗》《书》。王太子、王子、群后之太子、卿、大夫元士之适子,国之俊选,皆造焉。大乐正论造士之秀者以告于王,而升诸司马,曰进士。司马辨论官材,论进士之贤者以告于王,而定其论,论定然后官之,任官然后爵之,位定然后禄之。"此乡之秀选得升于国学,预于贵游之列,同升诸朝,则非《周官》之旧也。《尚书大传》言:"大夫士七十而致仕,而退老归其乡里,大夫为父师,士为少师,新谷既入,余子皆入学。"又曰:"小师取小学之贤者,登之大学;大师取大学之贤者,登之天子,天子以为左右。"《白虎通义》言:"古之教者,里皆有师。里中之老有道德者为里右师,其次为左师。"则此之建学,遍于乡里,不如周之限于六乡也。何休《公羊传解诂》宣十五年曰:"圣人制井田之法,一夫一妇受田百亩,八家而九顷,共为一井,一里八十户。八家共一巷,中里为校室,选其耆老有高德者名曰父老,十月事讫,父老教于校室。八岁者学小学,十五者学大学,其有秀者移于乡学,乡学之秀者移于庠,庠之秀者移于国学,学于小学。诸侯岁贡小学之秀者于天子,学于大学。其有秀者,命曰造士。行同而能偶,别之以射,然后爵之。士以才能进取,君以考功授官。"此非特王畿乡里之学,而侯国乡里之学也。此《射义》所谓"古者天子之制,诸侯岁献贡士于天子,天子试之于射宫"者也。则《周官》所言,为贵族封建之治,《射义》《王制》以下所言,为平等之民治,而实儒者之理想,非前代之史迹也。

次言封禅 眭孟言:"汉家尧后,有传国之运,汉帝宜谁差天下,求索贤人,禅以帝位,而自退封百里,如殷周二王后,以承顺天命。"廷尉奏孟妄设妖言,大逆不道,伏诛。盖宽饶上书引《韩氏易传》言:"五帝官天下,三王家天下,家以传子,官以传贤,若四时之运,功成者去,不得其人,则不居其位。"书上,朝议以宽饶意欲求禅,大逆不道,遂下吏，宽饶自到。此二事若至异，以汉主之威，而责以禅代者前仆后起，此岂末世所能有者哉？然其故有由来也。《礼运》言大同则曰"选贤与能"，而訾小康之"大人世及"。夫世及者，天子之事也，訾其人则曰"禹、汤、文、武、成王、周公，此六君子者"。儒者言必曰尧、舜、禹、汤、文、武，此独不及尧、舜者，正以禹、汤为家天下，为小康，则大同之所谓选贤与能者，岂非谓尧、舜为能官天下者乎？选天子之说，《墨子》书言之著矣。一则曰："选天下之贤可者立以为天子，又选择天下之贤可者立以为三公。天子、三公既立，以为天下博大，故画分万国，立诸侯国君。诸侯国君既立，又选择其国之贤可者以为正长。"再则曰："选择天下贤良圣知辩慧之人，立以为天子，天子既立，是故选择天下赞阅贤良圣知辩慧之人，置以为三公，天子、三公既立，是故靡分天下，设以为万诸侯国君，国君既以立，故择其国之贤者，置以为左右将军大夫，以逮至乡里之长。"夫选贤以为天子，其义著明已早。友人伍非百君说："《礼运》一篇，全符墨子之义。"大同选贤云者，其义之极乎选天子无惑矣。《韩易》《礼运》有其说，公羊氏殆亦有之。《传》于春王正月曰："王者孰谓，谓文王也。"王则周之天王可也，奚必曰文王？言文王者，说小康者恒以文王为主也。西狩获麟，而曰"乐尧舜之道"。由小康而进于大同，由文王而进于尧舜，此《礼》《春秋》之所同，而三世义之所由起也。眭孟固《公羊》大师，其谓"汉帝宜求索贤人，禅以帝位",其持说岂无自来耶？卒之王莽代汉,一世士大夫翕然归美,固自有故。殆数百年来,师师所口授而面命者,皆以抑于汉家不得伸,亦所以积怨而发愤者也。《说苑》言鲍白令之称"五帝官天下,三王家天下",而毁始皇为桀、纣,遂酿坑儒之祸。淳于越、周青臣论封建事,遂酿焚书之祸。儒者之必以大同（禅让）、小康（封建）之论以责秦汉之王室,卒之亡身丧元而不悔,则其志亦烈矣。近世每称王莽所为为社会政策,岂知王莽所用,一一皆数百年间之经说哉？夫封禅者,为易姓受命之事,所以报功告成者也。董仲舒言："天无常予,无常夺,故封于泰山之上,禅于梁父之下,易姓而王,德如尧舜者七十二人。王者天之所予也,其所伐者天之所夺也。"以明德如尧舜言封禅之义也。《白虎通》言："王者易姓而起,必升封泰山何？报告之义也；始受命之时,改制应天,天下太平,功成封禅。"《礼器疏》引《白虎通》曰："绎绎,无穷之意,禅于有德而居之,无穷已。"又云："《白虎通》云'禅以让有德',非也。"此所引与今本略不同。盖封以言始,故曰始受命之时；禅以言终,故曰禅者明已成功相传也。又曰："三皇禅于绎绎之山,明已成功而夫,有德者居之。绎绎者,无穷之意也。"传本文多损缺,于始终之意不具,又脱"禅以让有德"之文。若《风俗通义》云："三皇禅于绎绎,明已成功而去,有德者居之。绎绎者,无所指斥也。五帝禅于亭亭,亭亭名山,其身禅于圣人。三王禅于梁父者,信父者子,言父子相信与也。"则禅让之说若揭,此仲舒所谓"德如尧舜"者也。则封言受命,禅言去让,始终之义著也。司马迁作《史记》,《本纪》始五帝,《世家》始吴太伯,《列传》始伯夷、叔齐,岂无闻于儒者之微意哉?然则《书》始唐、虞,《春秋》始于鲁隐,亦是义耳。先师刘士志先生盖尝推论之也。

次言巡狩 墨子两言选天子、三公、大夫、正长,而独不及诸侯。盖以衰周之世,诸侯力政,不可得而言耶?从弟季甫曰:《射义》言:"古者天子以射选诸侯、卿、大夫、士。天子之制,诸侯岁献贡士于天子,天子试之于射宫,中多者得与于祭,中少者不得与于祭。数与于祭而君有庆,数不与于祭而君有让。数有庆而益地,数有让而削地,故曰射者射为诸侯也。"又言:"故天子之大射,谓之射侯;射侯者,射为诸侯也。射中则得为诸侯,射不中则不得为诸侯。墨家所不能道者,至是而儒者备言之,则视墨又进也。"《荀子·君道篇》曰:"上贤使之为三公,次贤使之为诸侯,下贤使之为士大夫。"选诸侯之说,始见于《荀子》。《射义》盖荀氏以下之说也。黜陟诸侯之义,莫备于巡狩。《王制》:"岁二月,东巡狩,至于岱宗,柴而望祀山川。觐诸侯,问百年者就见之,命大师陈诗以观民风,命市纳贾以观民之所好恶、志淫好辟,命典礼考时月定日,同律、礼、乐、制度、衣服,正之。山川神祇有不举者为不敬,不敬者君削以地;宗庙有不顺者为不孝,不孝者君黜以爵;变礼易乐者为不从,不从者君流;革制度衣服者为畔,畔者君讨。有功德于民者,加地进爵。"《尚书大传》曰:"天子执冒以朝诸侯,见则覆之。故冒圭者,天子所与诸侯为瑞也。无过行者得复其圭,以归其国。有过行者留其圭,能改过者复其圭。三年圭不复,少黜以爵;六年圭不复,少黜以地;九年圭不复而地毕。"又言:"古者诸侯之于天子也,三年一贡士,天子命与诸侯辅助为政,所以通贤共治,亦不独专,重民之至。大国举三人,次国举二人,小国举一人,一适谓之攸好德,再适谓之贤贤,三适谓之有功。有功者,天子赐以衣服弓矢,再赐以秬鬯,三赐以虎贲百人,号曰命诸侯,得专征。有不贡士,谓不率正者,天子黜之。一不适谓之过,再不适谓之敖,三不适谓之诬,诬者天子黜之,一黜少黜以爵,再黜少黜以地,三黜而爵地毕。"则言所以黜陟诸侯者若是之易易,此固未必西周之制然也。《白虎通》言:"小国考之有功,增土进爵。五十里,不过五赐而进爵土;七十里,不过七赐而进爵土。"又曰:"盛德之士亦封之,所以尊有德也。以德封者,必试之为附庸。三年有功,因而封五十里,元士有功者亦为附庸。大大功成封五十里,卿功成封七十里,公功成封百里。士有功德,迁为大夫;大夫有功德,迁为卿;卿有功德,迁为公。故爵主有德,封主有功也。"则士之贤有德者,亦得至乎诸侯,斯固三代之隆未之见者,其为儒家所理想之制度无惑矣。夫《士礼》十七篇,为事十五,乡射礼外，重以大射，特谓之仪。可知此一篇者，固所以寓进退诸侯之微旨者欤？《春秋繁露·爵国篇》曰："《传》曰：氏不若人，人不若名，名不若字。附庸：字者方三十里，名者方二十里，人氏者方十五里。"此其为说，前无闻焉。倘士以盛德受封之说起，而附庸三等之说因缘而生，意以待士而贤者之封，诚不可为前世之制也。

次言明堂　明堂、大学，一也。颍容、贾、服，并同此说。东汉以来纷纷争议者，惟五室九室事，何其陋耶？观乎"赵绾、王臧请立明堂，窦太后以让上（武帝）曰：此欲复为新垣平也。上因废明堂事，下绾、臧吏，皆自杀"。杜业言："河间献王经术通明，天下雄俊众儒皆归之。孝武帝时献王来朝，问以五策，辄对无穷。武帝艴然难之，帝曰：汤以七十里，文王以百里，王其勉之。王知其意，归即纵酒听乐以终。"而稽之班书，献王所对，则三雍宫也。绾、臧以明堂诛，献王以明堂废，则明堂固别有说乎？夫明堂者，天子布政之宫也。《管子》曰："黄帝立明台之议者，上观于贤也；尧有衢室之问者，下听于人也；汤有总街之庭，以观人诽也。"夫明堂、大学同处，郑人游乡校以论执政，明堂而观于贤、听于人，以观人诽，则以听于大学之士，而士恣于议政也。《地官》："师氏掌国中得失之事，以教国子弟。保氏掌谏王恶，而养国子以道。"则乡校论执政，正所谓中失；而明堂之听人观诽，正所谓谏恶。《管子》书论明堂，盖推师、保、乡校而然也。《王制》言"大学在郊"，

《学礼》言东学、南学、西学、北学，此四郊大学也。《尚书大传》言："东堂距邦八里，南堂距邦七里，西堂距邦九里，北堂距邦六里。"所谓四郊大学，即此距邦明堂处也。"兆五帝于四郊"，亦明堂处也。规模壮阔，岂区区九堂五堂而已乎？孟子曰："民为贵。"无明堂则民贵徒虚说也。儒者舍《尚书》四郊明堂不敢议，而徒争《考工记》以来周人五室九室之制，故论益多而义益晦，是不解有周之明堂大学，有儒家所设想之明堂大学，二者固区以别也。《王制》《公羊》言："诸侯岁贡小学之秀者于天子，学于大学。"然则明堂即大学，正诸侯贡士之所萃，布政于是，讯囚于是，师出而献俘亦于是，养三老五更于是，而天子袒而割牲，父事三老以为孝，兄事五更以为弟，上观下听皆于是，则民为贵之实备矣。教中失，谏王恶，天子恒规规焉不能有所逾，而听政于众庶，则绾、臧以议明堂诛，献王以对雍宫废，岂虚也哉？

《诗》曰"询于刍荛"，《书》言"谋及众庶"。夫建国和众，未有不协众志、合群谋而能克大难、举大功者。盘庚徙邶，大王去邠，或命众悉至于庭，或属其耆老而告，著在经文，昭若示掌，其可诬耶！然此徒有其事，未详其制，犹曰偶有之耳。究寻其制，则备于《周官》外朝之法。小司寇之职："掌外朝之政，以致万民而询焉：一曰询国危，二曰询国迁，三曰询立君。"是国有大故，未有不询于万民者也。乡大夫之职："大询于众庶，则各帅其乡之众寡而致于朝。"此所询之众，即六乡之人也。朝即外朝，在雉门之外，人君固不常御。其位："王南向，三公及州长、百姓北面，群臣西面，群吏东面。"则乡大夫致众庶于朝，而州长与百姓同在焉。朝士之职："掌建邦外朝之法，左九棘，孤卿大夫位焉，群士在其后；右九棘，公、侯、伯、子、男位焉，群吏在其后，面三槐，三公位焉，州长、众庶在其后；左嘉石，平罢民焉；右肺石，达穷民焉。"此外朝之位也。"帅其属而以鞭呼趋且辟，禁慢朝错立族谈者。"丘浚曰："外朝在库门之外，最居外者也。人君不常御，国家大礼典，则于此朝会，而朝士掌其法。有大疑难，则于此询问，而小司寇掌其政。朝著之间，有上下之位，有前后之次，入者必循序渐进而不可参差，立者必肃容守次而不可错乱。非奏对不言，无故不可聚而喧哗。故当人臣朝见之时，小司寇则摈而相之，使之次第而进，朝士则帅其属而用鞭呼号以肃之，使之各趋其位而知所避焉。"丘氏之说，甚为明白。于此本为朝万民之法，乡大夫各帅其乡之众寡而致于朝，以待大询，丘氏论独不及此，则已昧其本，岂于询万民之事，不免疑忽之情乎？则贯串六官以究一事之始末，昔之儒者于此已难也。小司寇："以三刺断庶民狱讼之中：一曰讯群臣，二曰讯群吏，三曰讯万民。听民之所刺宥，以施上服下服之刑。"郑注："民言杀，杀之；言宽，宽之。"此三询之外，用法亦讯之于万民也。此周之旧而谋及庶人之制也。既明周代外朝大询之制，请再以历史事实言之:韩原之战,晋败于秦,惠公止焉。《左氏》僖十五年传言:"晋侯使郤乞告瑕吕饴甥,且召之。子金教之言曰:朝国人而以君命赏。且告之曰:孤虽归,辱社稷矣,其卜贰圉也。众皆哭。晋于是乎作爰田。吕甥曰:君亡之不恤,而群臣是忧,惠之至也,将若君何! 众曰:何为而可?对曰:征缮以辅孺子,诸侯闻之,丧君有君,群臣辑睦,甲兵益多,好我者劝,恶我者惧,庶有益乎?众说。晋于是乎作州兵。"此于国家丧亡之际,朝国人以定大难者也。然此犹诸大夫称君命以朝人也。《左氏》定八年传:"卫侯欲叛晋……大夫问故,公以晋诟语之,且曰:'寡人辱社稷,其改卜嗣,寡人从焉。'……公曰:'又有患焉,谓寡人必以而子与诸大夫之子为质。'……将行,王孙贾曰:'苟卫国有难,工商未尝不为患,使皆行而后可。'公以告大夫,乃皆将行之。行有日,公朝国人,使贾问焉,曰:若卫叛晋,晋五伐我,病何如矣。皆曰:'五伐我,犹可以能战。'贾曰:'然则如叛之,病而后质焉,何迟之有?'乃叛晋。"此卫之以国危朝国人也。晋卫之事,正小司寇致万民而询焉,询国危、询立君者也。郑氏注:"国危谓兵寇之难。"贾公彦以为:"邻国来侵我,与国为难者也。"此正以弱敌强、国家危急存亡之际,全面抗战,动员民众之事也。《周官》之制,《春秋》之事,若合符节,其可诬乎?若陈怀公之事,殆又甚焉。《左氏》哀元年传:"吴之入楚也,使召陈怀公,怀公朝国人而问焉,曰:欲与楚者右,欲与吴者左,陈人从田,无田从党。"此则国之外交亦决于众庶之从违,以定国策。杜注:"都邑之人,无田者随党而立,不知所与,故直从所居,田在西者居右,在东者居左。"此云从田,正所谓乡大夫帅其乡之众寡而致于朝,殆皆田者也;都邑之无田者亦与焉,则工商阶级靡不在。曰谋及庶人,曰询于刍荛,于《礼》实有其制,于《春秋》实有其事,而治经者忽焉,于众议之治,遂莫之察耳。于周之旧,知有众议之制,然外朝遂足以尽王畿千里之人乎?曰乡大夫各帅其乡之众寡而致于朝,则所谓万民、众庶、百姓云者,实即六乡之人。《左氏》云国人者,知亦不过国中什一自赋之人耳。天子六乡六遂,自六遂以下,皆不得与于外朝之事也。则诸侯三郊三遂,亦惟三郊之人得与于询之列也。六乡、三郊之人,为立学焉,出兵焉,与外朝焉,而其余不得与,则是众议者,不过周之兵士阶级耳。无田从党,都邑之人,则工商之人也。独九一而助之人不得与,则众议云者,实军人而已。今文家鉴周人之旧典,而别为一王之新法,于此致万民而询国危之制,不容置之不取,不取则其治下于周且霄壤间也。今文家既不许助彻之异制,以平等代贵贱悬殊之治,而势又不可致四海之民于外朝而询焉。变通之道,系于明堂。外朝旧制,其与议者曰工商兵农,而地限于六乡。明堂新规,其与议者为乡学之秀,为智识分子,所选极于四海。外朝之询三焉,明堂之听则凡国之百务。此亦今文家新王大法之进于周旧者。明堂之说,其为自外朝之法蜕变而来,昭然若揭。此制不立,将奚贵于今学,奚取于儒家？若周之外朝不为虚诬,则虽伏生老悖,其说必趋于明堂无疑也。以外朝之事校明堂,而明堂之实愈彰。抑尤有进者,伏生《大传》言:"东堂距邦八里,南堂距邦七里,西堂距邦九里,北堂距邦六里。"《白虎通义》引《尚书》逸篇曰:"大社唯松,东社唯柏,南社唯梓,西社唯栗,北社唯槐。"《周官》马氏注云:"社稷在右,宗庙在左。或曰王者五社:大社在中门外,惟松;东社八里,惟柏;西社九里,惟栗;南社七里,惟梓;北社六里,惟槐。"以距邦言之,则明堂所在即社之所在,则其义又特重也。《礼三正记》曰:"王者二社:为天下立社曰大社,自为立社曰王社;诸侯为百姓立社曰国社,自为立社曰侯社;太社尊于王社。"《尔雅》曰:"起大事,动大众,必先有事乎社而后出。"《郊特牲》曰:"唯为社事,单出里。"斯社之所以系民也。辟雍、明堂为一,"大学在郊",唯《大传》言明堂与之合。任启运曰:"青阳即东学(东序),明堂即南学(成均),总章即西学(瞽宗),玄堂即北学(上庠),其正即天子莅学养老之堂(辟雍)。"以学议政之说,于此不已显乎？

刘歆言:"往者缀学之士,因陋就寡,分文析字,烦言碎辞,至于国家将有大事,若立辟雍、封禅、巡狩之仪,则幽冥而莫知其原。"斯数者,固王政之大端,儒者不容或昧者也,而忽焉幽绝,若存若亡,岂无故哉？殆以不容于时君世主而致然耶！班固曰："《春秋》所贬损大人、当世君臣，有威权势力，是以隐其书而不宣，所以免时难也。"又曰："所褒讳贬损，不可以书见，口授弟子。……及末世口说流行，故有《公羊》《穀梁》《邹》《夹》四家之传。"则凡经旨微言之不可书见者，其必有与当世威权相妨之实，倘即所谓经世之志，而别为一王之大法者欤！然则井田、学校、封禅、巡狩、明堂诸端，正所谓一王大法者也。是皆所以救时政之弊，而冀跻一世于隆平之域，此固以《春秋》当新王，而王鲁新周说之所由起。盖通经致用，诚非虚言，儒亦不得为无用之学，其不容于时，不可书见，再经摧挫，说遂幽冥，固其宜也。今以其论旨考之，殆非周泽既斩、秦势已张之时，未易发此宏议。虽推挹孔子以当素王，特以倡是议者之未敢自名，而故托之先圣云耳。岂秦世以上，易逮此哉！六艺纷错，于斯而启。有周之旧典焉，所谓史学者也；有秦以来儒者之理想焉，所谓经学者，实哲学也。此今古学所由判也。惟论革制者空陈其法，不宣其意，托之三代，俨若成规；后世不察，乃持兹新论，比诸旧史，其于微言大义，仅资口授者，昏然莫省。故有訾以"是口说而背传记"者，刘歆是也；有訾其"怪旧艺而善野言"者，许慎是也。孰知口说野言之间，固为隐而不宣者之所系。惜哉，自辟雍、巡狩、封禅，新王大法之旨废，而分文析字、破坏形体者，弥以驰逐也。微言永晦，六经之不绝如一发耳。惟传今文者言，庶几近之。然《公羊》家动曰"以《春秋》当新王",曰"王鲁新周",曰"孔子为素王",曰"为汉制作"。语焉而不详,未陈其制,而为幻辀张,恢奇不可训,以惑乱后学。二庄、刘、宋、龚、魏之流,习而称之,徒滋人疑,终无裨于道术。若左海父子、卓人、鹿门,为能言《礼》,所谓大法制作,此焉为详,而质僿无义趣,未足以发明新制之微旨。在汉之今文学惟一,而清代言今文则有二:言《礼》、言《春秋》者不相谋,而为《易》《诗》《书》之家,益琐末无统纪,无足取也。夫《礼经》多而《春秋》烦杂,孟卿犹不以教子,况汇二派以成巨流,更非所望于后世。惟井研廖氏明于三传,澈于礼制,以今古分流,决于《王制》《周官》之同异,一为从周,一为改制,百年谈之而不得其宗者,至是适海适岱,各有途归,其所以震撼一世、截断众流者,岂偶然哉!仪征刘氏称其"长于《春秋》,善说《礼》制",汉师以为多而烦杂者,先生兼而通之,汇清世今文之二流于一贯,则所谓一王大法者,自有其典章制度,舍《礼》其何以言《春秋》。廖氏之精思伟度,真百世之一人也。顾先生以耆年而笃学不倦,持论屡迁,遂令后学疑阻横生、径途莫辨,骇其恢奇,遂迷于旨要。余前与余杭章氏游谈苏锡间,昕夕论对,将十数日,每至废食忘倦,几于无所不言,亦言无不罄。徐以启诸章氏曰:"六经之道同源,何以末流复有今古之悬别?井研初说今为孔子改制,古为从周,此一义也。一变而谓今为孔学,古始刘歆,此又一义也。再变说一为大统,一为小统,则又一义也。仪征虽不似井研明张六变之旨,而义亦屡迁,见之于《明堂考》《西汉周官师法考》,或以为今古之变为酆鄗、雒邑之异制,或又为西周、东周之殊科。诸持说虽不同,而于今古学之内容乃未始有异。要皆究此二学之胡由共树而分条已耳。凡斯立义,孰为谛解?"章氏默然久之,乃曰:"今古皆汉代之学,吾辈所应究者则先秦之学也。"章氏之说虽如此,然古今各家,孰不本之先秦以为义,则又何耶?余于此用心既久,在解梁时,比辑秦制,凡数万言,始恍然于秦之为秦,然后知法家之说为空言,而秦制其行事也;儒家之说为空言,而周制其行事也。周秦之政殊,而儒法之论异。不以行事考空言,则无见深切著明之效。既有以见乎秦制之所以异于周,遂于今学之所以异于古者亦可以了然也。盖周也、秦也、《春秋》一王大法也,截然而为三。《春秋》师说者,一王之空言;《礼》家师说者,《春秋》之行实也。所谓《春秋》经世为汉制作者,正以鉴于周秦之败而别素王之制,为一代理想之法。不以《礼》家之说辅《春秋》,则《春秋》固不免于非常异义可怪之论;不以周秦之史校论一王大法,则此非常异义者,又安见其精深宏美之所存?然后始知井研初说古文为从周、今文为改制者,实不刊之至论。廖氏所谓一史学、一经学者,经学固即哲学,而政治之理想也。乃廖氏旋动于康更生古学出新室之言,及格于《管子》《大戴》,而康说亦难安,则又变而言大小;凡致廖氏之说于歧罔者,皆康氏之由。而世或以康为窃之廖氏，或以康为能光大廖学，肤薄无识之论，何足辨哉？由康氏之说，于是《周官》《左氏》，凡诸古文经传，皆作于新室。狂论一倡，举世为靡。岂谓周人旧书反足以开王莽之新制耶！夫王莽之为社会政策，而《周官》为封建制度，在近世夫人而知之；即平不平等之间，乖隔已远；周与莽政，冰炭难谐。乃袭其余唾者，曾不思此，又猥自标置曰超今文学，以虚妄之说相夸煽，诬古人而欺后生，斯又下耶！夫以莽制考之，其封国以百里、七十里、五十里，而命以三公、九卿、二十七大夫，此并今古家法之大畔，可谓王莽为古文之宗乎？善乎廖师之言曰："王莽、刘歆以《王制》通《周官》。"是《王制》主而以《周官》辅之。苟并莽制、周制为一谈，岂惟昧经，亦暗于史，甚非今日所应为之说也。惜哉，自古文之说盛，史学尊而经术晦，哲学绝，我先儒之建国宏规、政治理想，体大而思精者，说且不明，安望见之行事？于是儒之为儒，高者言性命，卑者坏形体，所谓经世之志、天子之事者，暗而不彰，是亦学术兴废之大故欤！盖周之治为贵族、为封建，而贵贱之级严；秦之治为君权、为专制，而贫富之辨显；素王革命之说，为民治、为平等，而前世贵贱、贫富两阶级，一举而并绝之。必明乎此，而后《礼》家所陈数度，其义乃可得而言。《礼运》曰："货恶其弃于地也，不必藏于己，力恶其不出身也，不必为己。"而訾乎"货力为己""以立田里"，则并井田之制而弃之，由均产已臻乎共产,与墨子所谓"余力相劳、余财相分"义相表里,斯又上矣。《礼运》訾乎"大人世及以为礼,城郭沟池以为固",则不容有封建之制,斯更驾墨子、荀子之说而上之。盖封建至六国之际,固已废弃,三晋齐楚,并为郡县,及秦人土崩,汉世遂以为不行封建之咎而分土作藩之说又起。《礼运》之人,固不与同。《礼运》之说,盖本乎墨而反乎墨,又远出其上者也。荀子言:"天之生民,非为君也,天之立君,以为民也。"自荀子以前无此说。而《吕氏春秋》言:"天下者,天下之天下也。"则视荀又进。吾意乎大同思想盖与《吕氏》同时,或差在其后,其当浮丘伯、毛亨、伏胜之世耶!盖伯之徒申公,为言明堂者之宗;而亨之徒毛苌,为河间博士,献王亦推陈三雍宫者也。而《鲁诗》《毛诗》之学,本于荀卿,荀卿未有此说。《吕氏春秋》言明堂最备,视《考工记》五室、《明堂位》九室之说为进。伏生《书》独传明堂在四郊之义。故曰:浮丘伯、大毛公、伏生、园廋之时,正秦政肆暴极盛之时,亦儒家政治思想如日中天时也。凡言禅让、言建侯、言选举、言学校议政,莫本之于明堂。《月令》明堂,且据农亩生活以施政令,故其理想社会亦可得而言。

《公羊传》宣十五年《解诂》曰:

夫饥寒并至,虽尧舜躬化,不能使野无寇盗;贫富兼并,虽皋陶制法,不能使强不凌弱。故圣人制井田之法而口分之。一夫一妇,受田百亩,以养父母妻子。五口为一家,公田十亩,即所谓十一而税也。庐舍二亩半,庐舍在内,公田次之,私田在外。井田之义,无费一家,同风俗,合巧拙,通财货。种谷不得种一谷,以备灾害。田中不得有树,以妨五谷。环庐舍种桑荻杂菜,畜五母鸡、两母豕,瓜果种疆畔,女工蚕织,老者得衣帛焉,得食肉焉,死者得葬焉。多于五口,名曰余夫,以率受田二十五亩。十井共出兵车一乘。司空谨别田之高下善恶,分为三品,上田一岁一垦,中田二岁一垦,下田三岁一垦。肥饶不得独乐,硗埆不得独苦,故三年一换土易居,财均力平,兵车素定,是谓均民力、强国家。在田曰庐,在邑曰里,一里八十户,八家共一巷,中里为校室,选其耆老有高德者名曰父老,其有辩护伉健者为里正,皆受倍田、得乘马,父老比三老孝弟官属,里正比庶人在官吏。民春夏出田,秋冬入保城郭。田作之时,春父老及里正旦开门坐塾上,晏出后时者不得出,莫不持樵者不得入。五谷毕入,民皆居宅,里正趋缉绩,男女同巷,相从夜绩,至于夜中,故女工 月,得四十五日作。从十月尽正月止。男女有所怨恨,相从而歌,饥者歌其食,劳者歌其事。男年六十、女年五十无子者,官衣食之,使之民间求诗,乡移于邑,邑移于国,国以闻于天子,故王者不出户牖,尽知天下所苦。十月事讫，父老教于校室，八岁者学小学，十五者学大学。其有秀者，移于乡学，乡学之秀者移于庠，庠之秀者移于国学，学于小学。诸侯岁贡小学之秀者于天子，学于大学。其有秀者，命曰造士。行同而能偶，别之以射，然后爵之。士以才能进取，君以考功授官。三年耕，余一年之畜，九年耕，余三年之积，三十年耕，有十年之储，虽遇唐尧之水、殷汤之旱，民无近忧，四海之内，莫不乐其业，故曰颂声作矣。

何休于《公羊解诂》著其略如此，班固于《汉书·食货志》说亦犹然。其义盖本之孟子"五亩之宅，树墙下以桑，鸡豚狗彘之畜，无失其时"，而持论益备。是儒家理想之政治制度，为说既宏，而理想之社会制度则设义尤高。与素朴之三代，截然不侔矣。今今学虽久蔀，若起其沉废、假其末光，犹可以为建国之规、致治之术。高谈民族文化者，夫亦在此而不在彼耶？廖师谓"今古分别，两汉皆不能心知其源，至于晚末，其派愈乱"者，固不为过。况在清世，治今学者，言《春秋》而不知《礼》，则一王大法为徒言，言《礼》而不知《春秋》，则与经世之志渺不相涉。惠张以降，作今《易》《诗》《书》者，抱残守独以自娱，于经说之微义孤文，未遑钩索，至晚季虚浮不根之说，益乘之而滔滔。虽然，前世汉宋之辨，晚近今古之争，终不解师师之宏旨，实时代之有以限之也。不慧从师受读，沉思今古事，益历久不得通，走于四方，博问故老，亦未足祛其积惑。旁稽子史，间有会心，暇涉远西所谓社会法则，乃益了然。每发一端，左右逢源，绪无不贯。昔贤既已披荆榛以导乎先路，而后来者之得于时代之赐予者，正亦宏矣。此义一立，自可见新室所述颂推行者，莫非儒家最高之理想，周秦汉新之事，若可大明；故籍聚讼，片言可折。晚近疑古之论起，学人莫不知秦汉所陈三古之盛，皆非史迹，而未尝思及其言三古必如是者，正有其哲学之究竟耶！世之学者，盖亦倡论"春秋以降，为旧社会逐渐崩溃，而孔氏则为旧社会之拥护者，而西汉之初，为新社会之由潜滋渐长以底于成"。然则西汉之世，自不容儒家之立足，而事乃适得反。罢黜百家，表章、独尊仲尼之业，是又何耶？诚以孟、荀以降，儒者立言，皆能深察世变而致其义，秦汉间之学者，是殆已为新时代之先导者也。儒之所以张皇于汉，而大滋近世之疑难者，正以此哉？

本文系根据《非常异义之政治学说》及《非常异义之政治学说解难》二文增补改写而成，并改题为《儒家政治思想之发展》，作为讲授"专题研究"一课之讲义印发。后又再经修改，发表于东北大学《志林》第二期，后编入《儒学五论》。

非常异义之政治学说

《公羊》家言，动曰以春秋当新王，曰王鲁新周，曰孔子为素王，曰为汉制作，辀张为幻，恢奇不可训，惑乱后学。此二庄、刘、宋、龚、魏习而称之，所以徒滋人疑，终无裨道术者也。左海父子、卓人、鹿门为能言礼，今文礼说，此焉为详，而质僿无义趣，未足以恢宏汉师之远旨。在汉之今文学惟一，而清代言今文则有二，言《礼》、言《春秋》者不相谋，而为《易》《诗》《书》之家，益琐末无统纪，吾不取也。夫《礼经》多而《春秋》烦杂，孟卿犹不以教子，况汇二派以成巨流，更非所望于后世。惟井研廖氏明于三传，澈于礼制，以今古分流，决于《王制》《周官》之同异，百年谈之而不得其宗者，至是适海适岱，各有途归，其所以震撼一世，截断众流者，岂偶然哉。仪征刘氏称其长于《春秋》，善说礼制，汉师以为多而烦杂者，先生兼而通之，汇清世今文之二流于一贯，则所谓一王大法者，自有其典章制度，舍礼其何以言《春秋》，廖氏之精思伟度，真百世之一人也。顾先生以耆年而笃学不倦,持论屡迁,遂令后学疑阻横生,径途莫辨,骇其恢奇,遂迷于旨要。余前与余杭章氏游谈无锡、苏州间,昕夕论对,将十数日,每至废食忘倦,几于无所不言,亦言无不罄,徐以启诸章氏曰:"六经之道同源,何以末流复有今古之悬别。井研初说今为孔氏改制,古为从周,此一义也;一变而谓今为孔学,古始刘歆,此又一义也;再变说一为大统,一为小统,则又一义也。仪征虽不似井研明张六变之旨,而义亦屡迁,见之于《明堂考》《西汉周官师法考》,或以为今古之辨,为鄷鄗、雒邑之异制,或又以为西周、东周之殊科,诸持说虽不同,而于今古学之内容,乃未始有异,要皆究此二学之胡由共树而分条已耳。凡斯立义,孰为谛解?"章氏沉默久之,乃曰:"今古皆汉代之学,吾辈所应究者,则先秦之学也。"章氏之说虽如此,然今古各家,孰不本之先秦以为义,则又何耶?余于此用心既久,在解梁时,比辑秦制,凡数万言,始恍然于秦之为秦,然后知法家之说为空言,而秦制其行事也;儒家之说为空谈,而周制其行事也。周秦之政殊,而儒法之论异,不以行事考空言,则无以见深切著明之效,既有见乎秦制之所以异于周,遂于今学之所以异于古者亦可以了然也。盖周也,秦也,《春秋》一王大法也,截然而为三。《春秋》师说者,一王之空言;《礼》家师说者,《春秋》之行实也;所谓《春秋》经世,为汉制作者,正以鉴于周秦之败,而别起素王之制,为一代之法。不以《礼》家之说考《春秋》，则《春秋》固不免于非常异义可怪之论；不以周秦之史校论一王大法，则此非常异义者，又亦见其精深宏美之所存，然后始知井研初说古文为从周，今文为改制者，实不刊之至论。廖氏所谓一史学，一经学者，经学固即哲学，而政治之理想也。乃廖氏旋动于康更生古文学出新室之言，及格于《管子》《大戴》，而康说亦难安，则又变而言大小。凡致廖氏之说于歧罔者，皆康氏之由；而世或以康为窃之廖氏，或以康为能光大廖学，肤薄无识之论，何足以辨哉！兹略陈数事以明之，不尽之意，徐别论陈。

先言井田 孟子谓："夏后氏五十而贡，殷人七十而助，周人百亩而彻。"又曰："由此观之，虽周亦助也。"是孟子之说，先后难谐。孟子曰："治地莫善于助。"又曰："请野九一而助，国中什一使自赋。"则孟子之意，又难谐也。夫滕壤地褊小，绝长补短，将五十里，而孟子既谓治地莫善于助，乃欲五十里之国，彻助并行，国野异制，是果何说哉？及考之《周官》，乃知其意符孟子。《周官》之言造都鄙也，小司徒经之，其职云："乃经土地而井牧其田野。"郑氏注《礼》，则主以国中当乡遂用贡，而野当都鄙用助。则孟子之意，固与《周官》之旧无所于别也。大司徒之职："今五家为比……五州为乡。凡万二千五百家，凡六乡。六乡军法，在小司徒之职：五人为伍……五师为军，军万二千五百人。"出于乡，家一人也。六乡而六军，大司马之职所谓"王六军"者也。《周官》建学,亦止于六乡。六乡者彻之所行,即军之所出,又为建学以登庸焉。野则助之所行,不出兵,不建学。此无他,周既克殷,周人居国中,而放逐殷人于野耳。周世用彻法,自公刘而"彻田为粮",殷则世用助法,既丧其国家,退居于野,尚仍其助法焉,此所以虽周亦助耶。又曰:"将为君子焉,将为野人焉,无君子莫治野人,无野人莫养君子。"君子统治阶级,野人则被统治者也。又曰:"方里而井,井九百亩,其中为公田,公事毕然后敢治私事,所以别野人也。"是井田所在者为野人,则彻法所行者为君子。夫越有君子六千人者,兵士也,楚有都君子者,亦兵士也,此何异秃发高欢所谓鲜卑任战伐而"汉人为汝作奴,夫为汝耕,妻为汝织"者乎?郑氏注《载师》云:"周税轻近而重远。"此即轻周而重殷耳。管子治齐,见诸《国语》者,事亦犹然,皆以见周之旧度莫之或异也。

自秦开阡陌,急于富强,荀卿言其"五甲首而隶五家",盖韩氏所谓"富贵皆出于兵"也。于是有"父子低首奴事富人,躬率妻孥为之服役"者也。夫周则贵贱之悬殊,秦则贫富之迥绝,而《公羊》家之言井田也,则又异。何休谓:"一夫一妇,受田百亩,公田十亩,八家而九顷,共为一井,十井共出兵车一乘。一里八十户,中里为校室,选其耆老有高德者名曰父老,十月事讫,父老教于校室,八岁者入小学,十五岁者入大学,其有秀者移于乡学,乡移于庠,庠移于国。诸侯岁贡于天子,士以才能进取,君以考功授官。"包氏解《论语》云:"千乘之国者,百里之国也。"夫然,则今文家所论井田,则通国皆助,通国出兵出车,通国立学,而君子野人之隔泯矣。则今文之论井田,既以夷周人贵贱之殊,亦以绝秦人贫富之辨。则所谓一王大法者,岂非鉴于二代之弊,而特立一尽善之治哉!则今文为哲学,固不足疑也。

次言封禅 眭孟言:"汉家尧后,有传国之运,汉帝宜谁差天下,求索贤人,禅以帝位,而自退封百里,如殷周二王后,以承顺天命。"廷尉奏孟妄设妖言,大逆不道,伏诛。盖宽饶上书引《韩氏易传》言:"五帝官天下,三王家天下,家以传子,官以传贤,若四时之运,成功者去,不得其人,则不居其位。"书奏,议以宽饶指意欲求禅,大逆不道,遂下吏,宽饶自刭。此二事若至异,以汉主之威,而责以禅代者前仆后起,此岂末世所能有者哉?然其故有由来也。《礼运》言大同则曰"选贤与能",而訾小康之"大人世及"。夫世及者,天子之事也,訾其人则曰"禹、汤、文、武、成王、周公,此六君子者"。儒者言必曰尧、舜、禹、汤、文、武,此独不及尧、舜者,正以禹、汤为家天下,为小康,则大同之所谓选贤与能者,岂非谓尧、舜为能官天下者乎?选天子之说,《墨子》书言之著矣。一则曰:"选天下之贤可者立以为天子,又选择天下之贤可者立以为三公。天子、三公既立,以为天下博大,故画分万国,立诸侯国君。诸侯国君既立，又选择其国之贤可者立以为正长。"再则曰："选择天下贤良圣知辩慧之人，立以为天子，天子既立，是故选择天下赞阅贤良圣知辩慧之人，置以为三公，天子、三公既立，是故靡分天下，设以为万诸侯国君，国君既已立，故择其国之贤者，置以为左右将军大夫，以逮至乡里之长。"夫选贤以为天子，其义著明已早。友人伍非百君说："《礼运》一篇，全符墨子之义。"大同选贤云者，其义之极乎选天子无惑矣。《韩易》《礼运》有之，公羊氏殆亦有之。《传》于春王正月曰："王者孰谓，谓文王也。"王则周之天王可也，奚必曰文王？言文王者，谈小康者恒以文王为主也。西狩获麟，而曰"乐尧舜之道"。由小康而进于大同，由文王而进于尧舜，此《礼》《春秋》之所同，而三世义之所由起也。眭孟固《公羊》大师，其谓"汉帝宜求索贤人，禅以帝位"，其持说岂无自来耶？卒之王莽代汉，一世士大夫翕然归美，固自有故。殆数百年来，师师所口授而面命者，皆以抑于汉家不得伸，亦所以积怨而发愤者也。《说苑》言鲍白令之称"五帝官天下，三王家天下"，而毁始皇为桀、纣，遂酿坑儒之祸。淳于越、周青臣论封建事，遂酿焚书之祸。儒者之必以大同（禅让）、小康（封建）之论以责秦汉之王室，卒之亡身丧元而不悔，则其志亦烈矣。近世每称王莽所行为社会政策，岂知王莽所用，一一皆数百年间之经说哉？夫封禅者，为易姓受命之事，所以报功告成者也。董仲舒言："天无常予，无常夺，故封于泰山之上,禅于梁父之下,易姓而王,德如尧舜者七十二人。王者天之所予也,其所伐者天之所夺也。"以明德如尧舜言封禅之义也。《白虎通》言:"王者易姓而起,必升封泰山何?报告之义也;始受命之时,改制应天,天下太平,功成封禅。"《礼器疏》引《白虎通》曰:"绎绎,无穷之意,禅于有德者而居之,无穷已。"又云:"《白虎通》云'禅以让有德',非也。"此所引与今本略不同。盖封以言始,故曰始受命之时;禅以言终,故曰禅者明以已成功相传也。又曰:"三皇禅于绎绎之山,明已功成而去,有德者居之。绎绎者,无穷之意也。"传本文多损缺,于始终之意不具,又脱"禅以让有德"。若《风俗通义》云:"三皇禅于绎绎,明已功成而去,有德者居之。绎绎者,无所指斥也。五帝禅于亭亭,亭亭名山,其身禅于圣人。三王禅于梁父者,信父者子,言父子相信与也。"则禅让之说若揭,此仲舒所谓"德如尧舜"者也。则封言受命,禅言去让,始终之义著也。

《齐诗》《京易》皆谆谆言革命事,余于《论学》三卷已申论之。司马迁作《史记》,《本纪》始五帝,《世家》始吴大伯,《列传》始伯夷、叔齐,岂无闻于儒者之微意哉?然则《书》始唐虞,《春秋》始于鲁隐,亦是义耳,先师刘士志先生盖尝推论之也。

次言巡狩 墨子两言选天子、三公、大夫、正长,而独不及诸侯。盖以衰周诸侯力政,不可得而言耶?从弟季甫曰:《射义》言:"古者天子以射选诸侯、卿、大夫、士。天子之制，诸侯岁贡士于天子，天子试之于射宫，中多者得与于祭，中少者不得与于祭。数与于祭而君有庆，数不与于祭而君有让。数有庆而益地，数有让而削地，故曰射者射为诸侯也。"又言："故天子之大射，谓之射侯；射侯者，射为诸侯也。射中则得为诸侯，射不中则不得为诸侯。墨家所不能道者，至是而儒者备言之，则视墨又进也。"黜陟诸侯之义，莫备于巡狩。《王制》："岁二月，东巡狩，至于岱宗，柴而望祀山川。觐诸侯，问百年者，就见之，命大师陈诗以观民风，命市纳贾以观民之所好恶、志淫好辟，命典礼考时月定日，同律、礼、乐、制度、衣服，正之。山川神祇有不举者为不敬，不敬者君削以地；宗庙有不顺者为不孝，不孝者君黜以爵；变礼易乐者为不从，不从者君流；革制度衣服者为畔，畔者君讨。有功德于民者，加地进爵。"《尚书大传》曰："天子执冒以朝诸侯，见则覆之。故冒圭者，天子所与诸侯为瑞也。无过行者得复其圭，以归其国。有过行者留其圭，能改过者复其圭。三年圭不复，少黜以爵；六年圭不复，少黜以地；九年圭不复而地毕。"又言："古者诸侯之于天子也，三年一贡士，天子命与诸侯辅助为政，所以通贤共治，示不独专，重民之至。大国举三人，次国举二人，小国举一人，一适谓之攸好德，再适谓之贤贤，三适谓之有功。有功者，天子赐以车服弓矢，再赐以秬鬯，三赐以虎贲百人，号曰命诸侯，得专征。有不贡士，谓之不率正者，天子黜之。一不适谓之过，再不适谓之敖,三不适谓之诬,诬者天子黜之,一黜少黜以爵,再黜少黜以地,三黜而爵地毕。"则言所以黜陟诸侯者若是之易易,此固未必西周之制然也。《白虎通》言:"小国考之有功,增土进爵。五十里,不过五赐而进爵土;七十里,不过七赐而进爵土。"又曰:"盛德之士亦封之,所以尊有德也。以德封者,必试之为附庸。三年有功,因而封五十里,元士有功者亦为附庸。大夫功成封五十里,卿功成封七十里,公功成封百里。士有功德,迁为大夫;大夫有功德,迁为卿;卿有功德,迁为公。故爵主有德,封主有功也。"则士之贤有之者,亦得至乎诸侯,斯固三代之隆未之见者,其为儒者所理想之制度无惑矣。夫《士礼》十七篇,为事十五,乡射礼外,重以大射,特谓之仪,则此一篇者,固所以寓进退微旨者也。

次言明堂 明堂、大学一也,颖容、贾、服并同此说。东汉以来纷纷争议者,惟五室九室事,固不足道,而赵绾、王臧请立明堂,窦太后以让上(武帝)曰:此欲复为新垣平也。上因废明堂事,下绾、臧吏,皆自杀。杜业言:"河间献王经术通明,天下雄俊众儒皆归之。孝武帝时献王朝,问以五策,辄对无穷。武帝艴然难之,帝曰:汤以七十里,文王百里,王其勉之。王知其意,归即纵酒听乐以终。"而稽之《汉书》,献王所对,则三雍宫也。绾、臧以明堂诛,献王以明堂废,则明堂固别有说乎?夫明堂者天子布政之宫也。《管子》曰:"黄帝立明台之议者,上观于贤也;尧有衢室之问者，下听于人也；汤有总街之庭，以观人诽也。"夫明堂、大学同处，郑人游乡校以论执政，明堂而观于贤、听于人，以观人诽，则以听于大学之士，而士恣于议政也。学在四郊，故《尚书大传》言："东堂距邦八里，南堂距邦七里，西堂距邦九里，北堂距邦六里。"所谓东学、南学、西学、北学，即明堂处也。"兆五帝于四郊"，亦明堂处也。规模壮阔，岂区区九堂五堂而已乎？孟子曰民为贵，无明堂则民贵徒虚说也。《公羊》宣十五年《解诂》曰："八岁者入小学，十五岁者入大学。其有秀者，移于乡学，乡学之秀者移于庠，庠之秀者移于国学，学于小学。诸侯岁贡小学之秀者于天子，学于大学。其有秀者，命曰进士。行同而能偶，别之以射，然后爵之。士以才能进取，君以考功授官。"然则大学者，正诸侯贡士之秀者于天子，布政于是，讞因于是，师出而献俘亦于是，养三老五更于是，而天子袒而割牲，父事三老以为孝，兄事五更以为弟，上观下听皆于是，则民为贵之实备矣。帝入东学、南学、西学、北学、中学，而所讲有制，居青阳、明堂、总章、玄堂而所行有常，天子规规焉不能有所逾，而必有所事，则绾、臧以议明堂诛，献工以对雍宫废，岂虚也哉？《夏小正》纯言月令，不及政事，而《周书》，而《时训》，而《吕览》《淮南·月令》，则并及政治者以术渐多，及《尚书大传》之记月令，则纯言政事也，此明堂月令说之益降而益精者乎。于是明堂非古之明堂，而月令亦非古之月令，大学者亦非昔所谓公卿大夫元士之子之大学,而士皆自井田里巷间来,皆耰锄已藏,祈乐已入,岁事已毕,余子入学者也,学校选举之制定而贵族之权替矣。夫《春秋》讥世卿,特《公羊》之说,而非《春秋》之义,李君浚清固尝论之。然与贵族决不相容者,法家之议,庶人之政也,若孔子则固非刺晋人之为刑鼎,而称周公之言大臣故旧,孟子亦曰为政不难,不得罪于巨室,又曰所谓故国者,非谓有乔木之谓也,有世臣之谓也。孔孟岂非毁世卿者哉?而《公羊》讥世卿,其必为处秦之后,所谓鉴于二代者也;明堂大学之制行,则贵族替而政归平民无惑也。

　　刘歆言:"往者缀学士,因陋就寡,分文析字,烦言碎辞,至于国家将有大事,若立辟雍、封禅、巡狩之仪,则幽冥而莫知其原。"斯数者,固王政之大端,儒者不容或昧者也,而忽焉幽绝,若存若亡,岂无故哉?殆以不容于时君世主而致然耶!班固言:"《春秋》所贬损大人、当世君臣,有威权势力,是以隐其书而不宣,所以免时难也。"又曰:"所褒讳贬损,不可以书见,口授弟子。……及末世口说流行,故有《公羊》《穀梁》《邹》《夹》四家之传。"则凡经旨微言之不可书见者,其必有与当世威权相妨之实,倘即所谓经世之志,而别为一王之大法者欤!然则井田、学校、封禅、巡狩、建国、选举、明堂诸端,正所谓一王大法者也。是皆所以救周秦之弊,而冀跻一世于隆平之域,此固以《春秋》当新王,而王鲁新周说之所由起。盖通经致用,诚非虚言,儒亦不得为无用之学,其不容于时,不可书见,再经摧挫,说遂幽冥,固其宜也。今以其论旨考之,殆非周泽既斩、秦势已张之时,未易发此宏议。虽推揖孔氏以当素王,特以为是议者之未敢自名,而故托之先圣云耳。岂秦世以上,易逮此哉！六艺纷错,于斯而启。有周之旧典焉,所谓史学者也；有秦以来儒者之理想焉,所谓经学者,实哲学也。此今古学所由判也。惟改制者空陈其法,不宣其意,托之三代,俨若成规；后世不察,乃持兹新论,比诸旧史,其于微言大义,仅资口授者,昏然莫省。故有訾以"是口说而背传记"者,刘歆是也；有詈其"怪旧艺而善野言"者,许慎是也。孰知口说野言之间,固为隐而不宣者之所系。惜哉！自辟雍、巡狩、封禅,新王大法之事废,而分文析字、破坏形体者,弥以驰逐也。微言永晦,六经之不绝如一发耳。清世今文之学重兴,而庄、刘之徒,言《春秋》而不知礼,则一王大法为徒言,左海之俦,言礼而不求之义起,与经世云者,邈不相关。至康有为益肆为虚泛不根之言,于是《周官》《左氏》,凡诸古文经传,以为皆作于新室,狂论一倡,举世为靡。而谓周人旧书,反足以开王莽之新治。夫王莽之为社会政策,而《周官》为封建制度,在近世夫人而知之,即平不平等之间,乖隔已远,周与莽政,冰炭难谐,乃袭其余唾者,曾不思此,又猥自标置曰超今文学,以疑古相夸煽,诬古人而欺后生,斯又下也。即以莽制考之,其封国以百里、七十里、五十里,而命秩以三公、九卿、二十七大夫,此并今、古家法之大畔,可谓王莽为古文之宗乎？善乎廖师之言曰:"王莽、刘歆,以《王制》通《周官》。"是《王制》主而以《周官》辅之。苟并莽制、周制为一谈,岂惟昧经,亦暗于史,甚非今日所应为之说也。惜哉,自古文之说盛,史学尊而经术晦、哲学绝,我先儒之建国宏规、政治理想,体大而思精者,说且不明,安望见之于行事？于是儒之为儒,高者言性命,卑者坏形体,所谓经世之志、天子之事者,暗而不彰,是亦学术兴废之大故欤！然唐宋以降,犹知天下非一人之天下,忠謇之士,每以之持君上也,制举学校之政行,卒以之代世族也,均民田以齐贫富,固见之于晋魏隋唐,而议之于自宋以下,以为是王政之大端,则今文之流风余韵,衣被亦广,若假其末光,起其沉废,犹可以为致治之术、建国之规,是固今日言民族文化之最可贵视者也。夫言民族文化而不自井田、明堂始,则为空谈,未足以规我文化之宏效；言井田、明堂而不本于儒家之仁义,亦不足以尽我文化之深旨。儒者曰:"货恶弃其于地也,不必藏于己,力恶其不出于身也,不必为己。"墨者曰:"余力相劳,余财相分。"其义殆又驾井田之说为尤远,而皆本于兼利兼爱之旨,不必以相仇相贼之道,持之有其故,行之有其效,自昔而然也,则仁以为本,其可诬乎？究心于民族文化者,于此幸致思焉。

原载 1937 年 12 月《重光》月刊第一期

非常异义之政治学说解难

《诗》曰"询于刍荛",《书》言"谋及庶人"。夫建国和众,未有不协众志、合群谋而能克大难、举大功者。盘庚徙邺,大王去邠,或命众悉至于庭,或属其耆老而告,著在经文,昭若示掌,其可诬耶!然此徒有其事,未有其制,犹曰偶有之耳。究寻其制,则备于《周官》外朝之法。小司寇之职:"掌外朝之政,以致万民而询焉:一曰询国危,二曰询国迁,三曰询立君。"是国有大故,未有不询于万民者也。乡大夫之职:"大询于众庶,则各帅其乡之众寡而致于朝。"此所询之众,即六乡之人也。朝即外朝,在雉门之外,人君固不常御。其位:"王南向,三公及州长、百姓北面,群臣西面,群吏东面。"则乡大夫致众庶于朝,而州长与百姓同在焉。朝士之职:"掌建邦外朝之法,左九棘,孤卿大夫位焉,群士在其后;右九棘,公、侯、伯、子、男位焉,群吏在其后;面三槐,三公位焉,州长、众庶在其后;左嘉石,平罢民焉;右肺石,达穷民焉。"此外朝之位也。"帅其属而以鞭呼趋且辟,禁慢朝错立族谈者。"丘浚曰:"外朝在库门之外,最居外者也。人君不常御,国家大礼典,则于此朝会,而朝士掌其法。有大疑难,则于此询问,而小司寇掌其政。朝著之间,有上下之位,有前后之次,入者必循序渐进而不可参差,立者必肃容守次而不可错乱。非奏对不言,无故不可聚而喧哗。故当人臣朝见之时,小司寇则摈而相之,使之次第而进,朝士则帅其属而用鞭呼号以肃之,使之各趋其位而知所避焉。"丘氏之说,甚为明白。于此本为朝万民之法,乡大夫各帅其乡之众寡而致于朝,以待大询,丘氏论独不及此,则已昧其本,岂于询万民之事,不免疑忽之情乎?则贯串六官以究一事之始末,昔之儒者于此已难也。此周之旧而谋及庶人之制也。

既明周代外朝大询之制,请再以史之事实言之。韩原之战,晋败于秦,惠公止焉。《左氏》僖十五年传言:"晋侯使郤乞告吕饴甥,且召之。子金教之言曰:朝国人而以君命赏。且告之曰:孤虽归,辱社稷矣,其卜贰圉也。众皆哭。晋于是乎作爰田。吕甥曰:君亡之不恤,而群臣是忧,惠之至也,将若君何!众曰:何为而可?对曰:征缮以辅孺子,诸侯闻之,丧君有君,群臣辑睦,甲兵益多,好我者劝,恶我者惧,庶有益乎?众说。晋于是乎作州兵。"此于国家丧亡之际,朝国人而定大难者也。然此犹诸大夫称君命以朝人也。《左氏》宣八年传:"卫侯欲叛晋……大夫问故,公以晋诟语之,且曰:'寡人辱社稷,其改卜嗣,寡人从焉。'……公曰：'又有患焉，谓寡人必以而子与诸大夫之子为质。'……将行，王孙贾曰：'苟卫国有难，工商未尝不为患，使皆行而后可。'公以告大夫，乃皆将行之。行有日，公朝国人，使贾问焉，曰：'卫若叛晋，晋五伐我，病何如矣。'皆曰：'五伐我，犹可以能战。'贾曰：'然则如叛之，病而后质焉，何迟之有？'乃叛晋。"此卫之朝国人也。晋卫之事，正小司寇致万民而询焉，询国危、询立君者也。郑氏注："国危谓兵寇之难。"贾公彦以为："邻国来侵伐，与国为难者也。"此正以弱敌强、国家危极存亡之际，全面抗战，动员民众之事也。《周官》之制，《春秋》之事，若合符节，其可诬乎？若陈怀公之事，殆又甚焉。《左氏》哀元年传："吴之入楚也，使召陈怀公，怀公朝国人而问焉，曰：欲与楚者右，欲与吴者左，陈人从田，无田从党。"此则国之外交亦决于众庶之从违，以定国策。杜注："都邑之人，无田者随党而立，不知所与，故直从所居，田在西者居右，在东者居左。"此云从田，正所谓乡大夫帅其乡之众寡而致于朝，殆皆田者也；都邑之无田者亦与焉，则劳工阶级无不在。曰谋及庶人，曰询于刍荛，于《礼》实有其制，于《春秋》实有其事，而治经忽焉，于众议之治，遂莫之察耳！

于周之旧，知有众议之制，然外朝遂尽以王畿千里之人乎？曰乡大夫各帅其乡之众寡而致于朝，则所谓万民、众庶、百姓云者，实即六乡之人。《左氏》云国人者，知亦不过国中什一自赋之人耳。天子六乡六遂，自六遂以下，皆不得与于外朝之事也。诸侯三郊三遂，亦惟三郊之人得与于三询之列也。六乡、三郊之人，为立学焉，出兵焉，与外朝焉，而其余不得与，则是众议者，不过周之兵农阶级耳。无田从党，都邑之人，则工商之人也。独九一而助之人不得与，则众议云者，实军人而已。今文家鉴周人之旧典，而别为一王之新法，于此致万民而询国危之治，不容置之不取，不取则其治下于周且霄壤间也。今文家既不许助彻之异制，以平等之治代贵贱悬殊之治，而势又不可致四海之民于外朝而询焉。变通之道，系于明堂。外朝旧制，其与议曰劳兵农，而地限于六乡。明堂新规，其与议者为乡学之秀，为智识分子，所选极于四海。外朝之询者三焉，明堂之听则凡国之百度。此亦今文家新王大法之进于周旧者。明堂之制，其为自外朝之制蜕变而来，昭然若揭。此度不立，将奚贵于今学，奚取于儒家？若周之外朝不为虚诬，则虽伏生老悖，其说必趋于明堂无疑也。以外朝之事较明堂，而明堂之实愈彰。抑尤有进者，伏生《大传》言："东堂距邦八里，南堂距邦七里，西堂距邦九里，北堂距邦六里。"《白虎通义》引《尚书》逸篇曰："大社唯松，东社唯柏，南社唯梓，西社唯栗，北社唯槐。"《周官》马氏注云："社稷在左，宗庙在右。或曰王者五社：大社在中门外，惟松；东社八里，惟柏；西社九里，惟栗；南社七里，惟梓；北社六里，惟槐。"以邦距言之，则明堂所在即社之所在，则其义又特重也。

请详陈之,《礼三正记》曰:"王者二社:为天下立太社,自为立社曰王社;诸侯为百姓立社曰国社,自为立社曰侯社;太社尊于王社。"郑玄说:"大夫不得特立社,与民族居,百家以上则共立一社,今时里社是也。"又曰:"有国及治民之大夫,乃有社稷。"是大夫与民共立社。故《白虎通》言:"大夫有民,其有社稷,亦为报功,《月令》曰择元日命民社。"是有民斯有社之义也。《书》曰:"汤既胜夏,欲迁其社。"夏失民也。小司徒言:"凡建邦国,立其社稷。"以分民也。则社者民之本也。故《白虎通》曰:"王者自亲祭社稷何?天下之所主,尊重之,故自祭也。"盖社者民众之所由组合者也。《郊特牲》曰:"唯为社事,单出里。"疏曰:"单,尽也,社既为国之本,故若祭社,则合里之家并出。"《周官·地官·州长》:"若以岁时祭祀州社,则属其民而读法。"《礼运》:"命降其社,谓之淆地。"注:"降于社,谓教令由社下者也。"疏:"命者政令之命,降下于社,谓从社而来,以降民也。"是所以组织民众、训练民众。此其为国之本,天下之所主也。《诗》言:"乃立冢土,戎丑攸行。"《毛传》:"冢土,大社也。"《尔雅》:"起大事,动大众,必先有事乎社而后出,谓之宜。"孙炎曰:"大事,兵也。"社之所以为合民,而兵事则尤重。《王制》:"天子将出征,宜于社。"《左氏》闵二年传"受脤于社",疏言:"祭社之肉,盛以脤器,赐元帅。"大祝"大师设军社",又言"大师宜于社","及军归献于社"。疏言:"大师者,王出六军,亲行征伐,故曰大师。云宜于社者,军将出,宜祭于社。即将社主行,不用命戮于社。及军归献于社者,谓征伐有功,得囚俘而归,献捷于社。"又大司马:"若师有功,则左执律,右秉钺以先,恺乐献于社。"此皆有事于太社,与有事于太学同。宜其亦同处也。《郊特牲》言:"季春出火为焚也,然后简其车赋,而历其卒伍,而君亲誓社,以习军旅。"又曰:"唯为社田,国人毕作。"《书传》言:"牧之野,武王之大事也,既事而退祈于社。"夫习战必于社,出师必于社,恺献必于社。《礼运》言:"故国有患,君死社稷谓之义。"《曲礼》曰:"国君去其国,止之曰:奈何去社稷也,国君死社稷。"社者民之所由合,国之所由建也。由里社以至乎太社,由里学以至乎太学,社学同处,出征献俘,社学之所同事。社于斯,学于斯,明堂于斯。民之所由建立其国、国之所由训约其民,所系岂不巨哉?而外朝之意,众议之制,舍此又安所行之?故曰由社学、明堂同处言之,国之本,天下之所主,毕在乎是。上下之交相维,意气之交相达,亦毕在乎是。天子于是布政,学者于是陈言。萃四海之秀,以论万机,视《周官》外朝之法,所选益贤,所赞益广,彼惟限于六乡,此则极乎四海。故曰由外朝之必变而为明堂者势也。作必大智元圣而后知之,亦盈则必进之结果而已也。

不慧自从师受学,沉思今古之事,殆二十年不得通,走于四方,博问通人,亦难以解其积惑。其后旁求之于子史,似偶有所发,每得一义,有若左右逢源,绪无不贯。积诸胸臆,又三四年。后因李君浚卿之督促,写一二文字,以付《论学》月刊。今又写《非常异义之政治思想》付《重光》月刊。皆粗陈大要,不能详述。即此三数篇者,非析之为十数篇,不能尽其辞。原拟写《周秦民族与思想》一论,厘之为三卷,上卷略已写成,而论地理古今之变二十余题亦印出,以国难故,稿散在析津,又无从收拾。上写三数篇,则拟置诸下卷者,自惜少暇,不得下笔。粗略论之,又徒滋人疑而已。昨于筵间,二三友人,颇以明堂之说为疑,聊复写此篇以释之。又事之奇,莫奇于尧舜之禅让;论之奇,莫奇于墨翟、眭弘之言选天子;而世之不疑者,以习闻故也。先有外朝之制,则明堂众议,理自平平,复何足异?至于赵绾、王臧之以明堂诛,河间献王之以明堂废,将何嫌何尤!而其酷必至于是哉!斯皆不可以无解,则明堂之必有秘义绝说审矣。又有《孟子》《周官》之井田,而后有《公羊》何休之井田;有《周官》之外朝,而后有《书传》之明堂;有周之世卿,而后有学校、选举;有周之封建,而后有《白虎通》之言封建;有三王世及,而后有选天子之说。斯皆应比辑连类以论,而后意乃可明。若《月令》,若养老诸端,所系皆巨,而事又循环相通,兹皆未暇广论远涉,姑以俟诸异日。此明堂一事,以友好扬榷雅意,故粗陈之。非浚卿之督促,则不克有前一论之写成;非李、魏诸兄之疑虑,则未克有此篇之写成。是皆应深致感谢者也。

一月十日晚记

原载 1938 年 2 月《重光》月刊第二期